Johannes Haussleiter

Der Glaube Jesu Christi und der christliche Glaube

Ein Beitrag zur Erklärung des Römerbriefes

Johannes Haussleiter

Der Glaube Jesu Christi und der christliche Glaube
Ein Beitrag zur Erklärung des Römerbriefes

ISBN/EAN: 9783743650695

Hergestellt in Europa, USA, Kanada, Australien, Japan

Cover: Foto ©Lupo / pixelio.de

Weitere Bücher finden Sie auf **www.hansebooks.com**

Der

Glaube Jesu Christi

und

der christliche Glaube.

Ein Beitrag zur Erklärung des Römerbriefes

von

Johannes Haußleiter.

Erlangen und **Leipzig.**

Andr. Deichert'sche Verlagsbuchhandlung Nachf.

(Georg Böhme).

1891.

G. Pätz'sche Buchdr. (Lippert & Co.), Naumburg a/S.

Vorwort.

Als ich im Wintersemester 1887/88 mit der Oberklasse des hiesigen Gymnasiums unter anderem die drei ersten Kapitel des Römerbriefes las, entstand die Anregung zu der folgenden Unter=suchung, deren Grundlage sich damals bildete. Ich zögerte lange mit der Veröffentlichung; erst als nach wiederholter Prüfung das Ergebnis mir völlig gesichert erschien, wagte ich die Mitteilung in dem diesjährigen Februar= und Märzheft der von Gustav Holz=hauser herausgegebenen „Neuen Kirchlichen Zeitschrift" (1891, S. 109—145 und S. 205—230). Der vorliegende Abdruck aus dieser Zeitschrift ist fast völlig unverändert. Es ist nur e i n e Änderung zu besprechen.

Bei Anführung der Stelle Gal. 2, 16 hatte ich dort auf S. 119 die Genetive in den Ausdrücken ἐκ πίστεως Χριστοῦ und διὰ πίστεως Χριστοῦ Ἰησοῦ, der herkömmlichen Benennung folgend, als objektive bezeichnet. Aber das Recht dieser Bezeichnung steht nicht von vornherein fest; der Gegensatz (οὐκ ἐξ ἔργων νόμου) scheint anzudeuten, daß hier Christus als Urheber, als normierendes Prinzip des christlichen Glaubens bezeichnet wird, wie gegensätzlich das Gesetz Urheber der Werke ist. Ich habe mich daher bei dem Abdrucke auf S. 11 eines vorsichtigeren Ausdrucks bedient und behalte die genauere Feststellung einer besonderen Abhandlung über den Galaterbrief vor. Vorläufig erinnere ich an die Worte Schlatters (Der Glaube im Neuen Testament, 1885, S. 556): „Die apostolische Rede hat Jesus zum Glauben nie nur in die passive Relation des Objektes gestellt, so daß er als das gedacht würde, was geglaubt wird, sondern derselbe ist ihr nach Ursprung, Inhalt und Wirkung durch Jesus bedingt und auf ihn bezogen, und die gesamte Fülle dieser Beziehungen erzeugt den Genetiv." — Das Verständnis der Genetive Gal. 2, 16 leidet unter der irrtümlichen Voraussetzung, als sei in dem verbalen Ausdruck an eben der Stelle: $εἰς Χριστὸν \ Ἰησοῦν \ ἐπιστεύσαμεν$ Christus lediglich als Objekt des Glaubens gedacht. Daß die vom Apostel Paulus angedeutete Verbindung viel inniger ist, so daß, wer in Christum gläubig geworden ist, fortan in Christo und damit im Glauben ist, sucht die vorliegende Abhandlung für den Römerbrief nachzuweisen. Möge sie an ihrem Teile zur Ehre des Gekreuzigten und Auferstandenen beitragen!

Erlangen, in der Karwoche 1891.

Johannes Haußleiter.

Einleitung.

§ 1.

Kann man vom Glauben Jesu Christi reden? Uns erscheint die Redeweise seltsam und befremdlich — seltsam, weil wir gewohnt sind, ausschließlich vom Glauben an den Herrn Jesum zu reden; befremdlich, weil wir dahinter Rationalismus wittern. Man weiß, welchen Gegensatz man seit Lessing zwischen der Religion Christi und der christlichen Religion gefunden hat. Aber die folgende Untersuchung bewegt sich nicht auf dogmatischem Gebiet, sondern auf exegetischem. Die Frage ist nicht, ob und in welchem Sinne man vom Glauben Jesu Christi sprechen kann, sondern ob der Apostel Paulus von ihm geschrieben hat. Sollte es sich heraus= stellen, daß er von der Pistis Jesu in diesem Sinne redet, so sind wir ja freilich berechtigt, es auch zu thun.

§ 2.

Eine Untersuchung, die gegen eine alt herkömmliche und fest eingewurzelte Auslegung sich richtet, muß mit aller Sorgfalt ge= führt werden. Das richtige Gesamtergebnis beruht auf der schärfsten Beobachtung des einzelnen. Zum Ausgangspunkt dient ein einziger Vers des Römerbriefes, Röm. 3, 26 — ja nur ein Teil dieses Verses, die Worte: δικαιοῦντα τὸν ἐκ πίστεως Ἰησοῦ. Ich behaupte, die Empfänger und ersten Leser des Briefes konnten die Worte unmöglich in dem Sinne verstehen „rechtfertigend den, der aus dem Glauben an Jesus ist". Ich werde den Beweis meiner Be= hauptung zuerst sprachlich, dann sachlich führen.

I. Sprachliche Untersuchung.

§ 3. Die Pistis Jesu in Röm. 3, 26.

Eine Vorfrage ist zu erledigen. Fricke in Leipzig hat neuer=
dings in der Schrift „der paulinische Grundbegriff der δικαιοσύνη
θεοῦ" (1887) S. 73 das Wort Ἰησοῦ als einen Zusatz bezeichnet, der
vorsorglichen Abschreibern entstamme. Er muß freilich gestehen,
daß die Bezeugung dieses „Zusatzes" eine bedeutende sei, nimmt
es dann aber mit dem Gewichte, das fast alle unsere Texteszeugen
für eine so singuläre Verbindung in die Wagschale legen, zu leicht.
Überdies unterstützen die von Fricke angerufenen „inneren" Gründe
den Zusatz. Der Abschnitt Röm. 3, 21—26 handelt von der neuen
Gottes=Offenbarung, durch welche abgesehen von Gesetz Gerechtig=
keit Gottes durch Pistis Jesu Christi offenbar geworden ist; mit
„νυνὶ δέ, jetzt aber" (V. 21), ist der Abschnitt eingeleitet. Er kann
nicht in den allgemeinen Satz ausklingen: Gott rechtfertigt den,
der aus Glauben ist. Das wäre nichts Neues: hat ja doch Gott
schon zuvor und bisher Abraham gerechtfertigt und jeden, der
aus dem Glauben Abrahams war — τὸν ἐκ πίστεως Ἀβραάμ
(Röm. 4, 16). Aber diese Rechtfertigung, bei der es fraglich
blieb, wie Gottes eigene Gerechtigkeit dabei bestehen könne, be=
ruhte auf einer Verheißung, die nun erfüllt ist. Nun ist Gott
gerecht, wenn er τὸν ἐκ πίστεως Ἰησοῦ rechtfertigt; Jesus, der
zweite Adam, ist der Erfüller der Verheißung.

Schon die angeführte Parallele nötigt zu dem Versuche, den
Ausdruck „Pistis Jesu" ebenso zu verstehen wie den anderen
„Pistis Abrahams" — so unvergleichlich größer auch Jesus ist
denn Abraham. Erst dann, wenn dies Verständnis unmöglich
wäre, hätte man Ursache, sich nach einem anderen umzusehen.
Aber es kommen noch viel schwerer wiegende Gründe hinzu.

Wir Christen des 19. Jahrhunderts machen zwischen dem
Namen Jesus und Christus keinen Unterschied. Wir sprechen
ebenso von der Anbetung Jesu wie von der Anbetung Christi
oder des Herrn Jesu. Das verhielt sich anders bei den Zeit=
genossen des Herrn, die ihn mit Augen gesehen und in den Tagen

seines Fleisches mit Jesus (in der paläftinischen Volkssprache „Jeschu“ statt Jeschûa) angeredet hatten. Sie verkündigten, daß der Auf= erstandene und zur Rechten Gottes Erhöhete der Herr sei, den sie anbeteten, und daß Christus, der Geistgesalbte, den Geist aus= gegossen habe auf die Gläubigen — daß aber dieser Herr und Christus eines sei mit Jesus, den die Juden gekreuzigt hatten. Die klassische Belegstelle hierfür findet sich in der Pfingstpredigt Petri: „So erkenne nun das ganze Haus Israel zweifellos, daß zum Herrn und Christus Gott ihn gemacht hat — diesen Jesus, welchen ihr gekreuzigt habt“ (Acta 2, 36). Herr — das war der neue Name, den Jesus empfangen hatte; daß Christus Jesus der Herr sei, das sollen alle Zungen bekennen; „Herr“ ist der von Gott geschenkte Name Jesu, der über alle Namen ist (Phil. 2, 9). Der Glaube, den die Apostel predigten, war ein Glaube an Jesus, daß er der Herr, daß er der Christ sei. Auf dem Prädikate, das Jesus erhält, liegt der Nachdruck. „Wenn du mit deinem Munde als Herrn Jesum bekennest, ∼ so wirst du gerettet werden“ schreibt Paulus Röm. 10, 9 (vgl. 1. Kor. 12, 3). Von einem Glauben an Jesus ohne nähere Bestimmung zu reden, wie wir es thun, kam denen nicht in den Sinn, für welche Jesus ein menschlicher Rufname war, den der Herr getragen hatte, den andere noch trugen (vgl. Kol. 4, 11). Zum mindesten konnten die Leser der paulinischen Briefe oder, um die Frage noch mehr zu beschränken, die Leser des Römerbriefes unter „Pistis Jesu“ nicht den Glauben an Jesum verstehen. Was sie darunter ver= stehen mußten, wird sich später zeigen.

§ 4. Der Name Jesus in den paulinischen Briefen.

Es ist eine bekannte Thatsache, daß der Apostel Paulus den Namen Jesus allein, ohne den Zusatz von Herr oder Christus, relativ sehr selten in seinen Briefen angewendet hat.[1] Dieser That=

---

[1] Es sind die Stellen: Röm. 3, 26; 8, 11; (10, 9). 1. Kor. 12, 3. 2. Kor. 4, 5. 10. 11. 14; 11, 4. Eph. 4, 21. Phil. 2, 10. 1. Thess. 1, 10; 4, 14. Im Galater=, Kolosser=, Philemon= und zweiten Thessalonicherbrief, sowie in den drei Paftoralbriefen, finden sich entweder nur Doppelnamen oder, wo ein

bestand ist oft erwähnt, aber seine Bedeutung ist nicht gebührend gewürdigt worden.

Den kräftigsten Anstoß zu richtiger Schätzung hat Adolf Harleß gegeben. In seinem noch heute beachtenswerten Kommentar zum Epheserbrief (Erlangen 1834) schrieb er zu der Stelle Eph. 4, 21: „Daß man ἐν τῷ Ἰησοῦ als Bezeichnung der Gemeinschaft der Gläubigen mit Christo faßte, war falsch, weil n i r g e n d s der Apostel die Gemeinschaft des Gläubigen mit Christus durch ἐν τῷ Ἰησοῦ, sondern überall durch ἐν κυρίῳ oder ἐν Χριστῷ bezeichnet. Das ist gewiß nicht zufällig. Wir finden überhaupt Ἰησοῦς allein sehr selten von dem Apostel gebraucht. Überall aber, wo es nicht das Prädikat κύριος hat, bezeichnet es den M e n s c h e n Jesus, die m e n s c h l i c h e Persönlichkeit Christi. Keine Stelle spricht dagegen, mehrere bestimmt dafür. In einzelnen scheint die Wahl des Aus= druckes gleichgiltig, es hätte auch Χριστός dort stehen können, z. B. 2. Kor. 11, 4.[2] In allen anderen Stellen nicht. 2. Kor. 4, 5 ist die Wahl des Ausdruckes διὰ Ἰησοῦν wohl schon bedingt durch den Gedanken an seine νέκρωσις, [3] im Zusammenhange mit welcher auch V. 10. 11 wir Ἰησοῦς, nicht Χριστός finden (vgl. 1. Theff. 1, 10; 4, 14 Ἰησοῦς ἀπέθανε. Hebr. 10, 19 αἷμα Ἰησοῦ; 13, 12 Ἰησοῦς ∼ ἔπαθεν). Und in der Stelle Phil. 2, 9 ist gerade um des Kontrastes willen Ἰησοῦς gewählt: in dem Namen dieses Menschen sollen sich beugen aller Kniee.[4] (Vgl. den Hebräer=

einfacher Name steht, „Christus" und „der Herr". — Die Angaben gelten hier und im folgenden, wenn nichts weiter bemerkt ist, vom Tischendorf=Gebhardt= schen Texte des griechischen Testamentes.

[2]) Wirklich? Paulus weicht von dem ihm sonst geläufigen Ausdruck Χριστὸν κηρύσσομεν (vgl. 1. Kor. 1, 23; 2. Kor. 4, 5; Phil. 1, 15) ab, weil er den Fall annimmt, daß die messianische Predigt des Irrlehrers mit einer Alte= rierung der geschichtlichen Gestalt Jesu verbunden ist. Die Stelle bestätigt die Regel.

[3]) „Wir verkündigen ∼ uns als eure Knechte um Jesu willen" d. h. wir dienen euch in der Nachfolge (des geschichtlichen Wirkens) Jesu, der nicht ge= kommen ist, daß er ihm dienen lasse, sondern daß er diene (Matth. 20, 28). Von dem Gedanken der Nachfolge Jesu sind auch die folgenden Verse bestimmt, in denen der Apostel bezeugt, daß die Kraft Gottes Sterben und Leben Jesu in seinem Leibe nachbilde.

[4]) Diese Auslegung ist gekünstelt. Die Stelle besagt, daß Gott dem Er= höheten einen Namen über alle Namen gegeben hat. Dieser n e u e Name ist

brief, wo Christi Thun mit menschlichen Funktionen verglichen oder er selbst geschichtlichen Personen gegenübergestellt wird: Hebr. 4, 14, wo der ἀρχιερεὺς Ἰησοῦς das Prädikat ὁ υἱὸς τοῦ θεοῦ erhält oder 3, 1, wo Jesus mit Moses, 7, 22, wo er mit Melchisedek verglichen wird.) Hieraus folgt nicht, daß Χριστός nun allemal die göttliche Natur Jesu bezeichne, denn Christus ist dem Apostel Paulus Bezeichnung der Person Jesu im allgemeinen geworden; aber gewiß ist, daß Ἰησοῦς ohne weitere Bestimmung zeigt, wie der Apostel zunächst nur an den Menschen Jesus, die menschliche Erscheinung des Sohnes Gottes dachte; und diese Beobachtung er= klärt uns, warum wir den Ausdruck ἐν τῷ (der Artikel ist zu be= achten) Ἰησοῦ nie als Bezeichnung der geistigen Gemeinschaft mit dem Sohne Gottes, der den Geist sendet, finden."

Harleß hat hier eine völlig zutreffende Beobachtung mitgeteilt. Paulus braucht den Namen „Jesus", wenn er ihn allein an= wendet, stets im prägnanten Sinn; es ist der geschichtliche Name des Herrn, die Bezeichnung seiner Person in ihrer geschichtlichen Erscheinung. Keine Stelle ist hiefür lehrreicher als Röm. 8, 11. Der Apostel schließt hier von dem Satze, daß der Geist Gottes Jesum von den Toten auferweckt hat, auf den andern, daß Gott auch unsere sterblichen Leiber beleben wird. Wir würden nach unserem Sprachgebrauch nur des einen Mittelgliedes bedürfen, daß Gottes Geist in uns wohnet. Aber Paulus schiebt ein zweites Mittelglied ein, indem er Gott den Erwecker Christi Jesu von den Toten nennt. Erst mit dem Namen „Christus Jesus" ist die religiöse Bedeutung ausgesprochen, die Jesus für den Gläubigen hat.[5]) Einer ähnlichen Vermittelung begegnen wir öfter. 2. Kor. 4, 14 ist die Hoffnung, daß Gott auch uns samt Jesu (σὺν Ἰησοῦ)

___

nicht Jesus, den er schon zuvor trug, sondern wie der folgende Vers (Phil. 2, 11) aufs deutlichste sagt, der Name „Herr". Also bedeutet ἐν τῷ ὀνόματι Ἰησοῦ: im Namen, den Jesus erhalten hat.

[5]) „Ἰησοῦν schreibt der Apostel im Vordersatze, Χριστόν im Nachsatze. Dort kommt in Betracht, was Gott an dem Menschen Jesus gethan hat, indem dies verbürgt, daß ein gleiches an uns geschehen kann. Hier dagegen kommt in Betracht, daß der, an welchem Gott solches gethan hat, der von ihm verordnete Mittler unsres Heils ist, indem dies verbürgt, daß gleiches auch an uns geschehen wird" bemerkt v. Hofmann im Kommentar zum Römerbrief (1868) S. 321. Schon Bengel hatte im Gnomon die richtige Beobachtung mitgeteilt: Appellatio

auferwecken wird, darauf zurückgeführt, daß wir wissen, daß Gott den Herrn Jesus auferweckt hat; und auch Röm. 4, 24 sagt der Apostel nicht schlechtweg: so wir glauben an den, der Jesum von den Toten erweckt hat, sondern er fügt hinzu: Jesum, unsern Herrn. Man sieht, wie erst in der Aussage, die von Jesus gemacht wird, in dem Prädikate, das man ihm gibt, sich die Stellung ausdrückt, die man zu ihm einnimmt. „Anathema Jesus" fluchen die Un= gläubigen; „Kyrios Jesus" bekennen die Gläubigen in Kraft des heiligen Geistes (1. Kor. 12, 3). So redet der Apostel — und er könnte erwarten, daß man die Worte: τὸν ἐκ πίστεως Ἰησοῦ verstünde und übersetzte: den, der aus dem Glauben an Jesus ist? Wenn man dieses Verständnis für richtig hielt und zugleich den Sprachgebrauch des Apostels beobachtete, blieb nichts anderes übrig, als den Text zu korrigieren; und dies haben die Peschito (= domini nostri Jesu Christi) und die erste Hand des cod. Claromontanus (Christi Jesu) gethan. Auch so sind sie Zeugen für den ursprünglichen Text: τὸν ἐκ πίστεως Ἰησοῦ. Denn wenn ihre Korrektur ursprünglich wäre, wie käme dann das einfache Ἰησοῦ in den Sinaiticus, Vaticanus, Alexandrinus u. s. w.?

§ 5. Die gewöhnlichen Benennungen des Herrn im Römerbrief.

Ich beschränke die Untersuchung, mit welchen Namen Paulus den Herrn zu bezeichnen pflegt, auf den Römerbrief. Aus gutem Grunde. Die Empfänger und ersten Leser des Briefes konnten sich das Verständnis nicht durch Vergleichung mit andern pauli= nischen Briefen erleichtern; sie mußten den Brief, in dem der Heidenapostel das eine Evangelium auf seine Weise predigte, aus sich selbst, eine Stelle aus der anderen, erklären. Der Brief ist vorzüglich dazu geeignet, sich selbst zu deuten. Schon Röm. 8, 11 verwehrt, wie wir gesehen haben, die gewöhnliche Auffassung von 3, 26; aber nicht diese Stelle allein.

Jesu spectat ad ipsum; Christi refertur ad nos. Illa appellatio tamquam nominis proprii pertinet ad personam; haec tamquam appellativi
ad officium.

Ein Gesichtspunkt leitet unsere Untersuchung. Wie pflegt der Apostel Jesum zu nennen, wenn er von der Verbindung des Gläubigen mit ihm, von dem Leben des Erlösten in ihm redet? Was wir hier finden, wird wohl auch gelten, wenn er eigens vom Glauben an ihn redet. Von genetivischen Verbindungen müssen wir zunächst absehen; subjektiver und objektiver Genetiv streiten sich um ihr Gebiet. Unzweideutig ist die Beziehung der Präpo=sitionen. Wir beginnen mit dem häufigen ἐν.

Der vollste Ausdruck findet sich 6, 23: Gnadengabe Gottes ist ewiges Leben in Christo Jesu, unserem Herrn. Wie die Liebe Gottes, von der nichts uns scheiden kann, ist in Christo Jesu, unserem Herrn (8, 39), so sollen wir auch Gott leben (6, 11) in Christo Jesu („unserem Herrn" fügen alte Zeugen, wie אCKLP und andere hinzu). In gleichem Sinne steht „Christus Jesus". Der Apostel spricht von dem Geiste des Lebens in Christo Jesu 8, 2; von der Erlösung, die in Christo Jesu ruht 3, 24; es gibt keine Verdammnis mehr für die, die in Christo Jesu sind 8, 1. — Wenn Paulus in diesen Verbindungen nur einen Namen nennt, so ist es „Christus" oder „Kyrios". Wie er 8, 1 das Wort „Christen" ersetzt hat mit: die in Christo Jesu sind, so 16, 7: die vor mir gewesen sind in Christo. „Mitarbeiter in Christo Jesu" 16, 3 steht neben „Mitarbeiter in Christo" 16, 9. Der Apostel sagt beides: Ich kann mich rühmen in Christo Jesu 15, 17 und: ich sage die Wahrheit in Christo 9, 1. Apelles nennt er den Bewährten in Christo 16, 10, und die Gläubigen sind „ein Leib in Christo" 12, 5. — Im Begriff, eine im Glauben be=gründete Überzeugung auszusprechen, sagt er 14, 14: Ich weiß und bin es fest überzeugt (πέπεισμαι) — in Jesu? Nein, im Herrn Jesus. Er hätte ebenso gut sagen können: im Herrn; denn auf diesem Wort liegt der Nachdruck, wie er denn „Kyrios" oft genug allein setzt. Im Grußkapitel findet sich der Ausdruck ἐν κυρίῳ siebenmal in mannigfacher Beziehung (16, 2. 8. 11. 12 a. 12 b. 13. 22). Τοὺς ὄντας ἐν κυρίῳ 16, 11 ist die dritte Be=zeichnung für „Christen," die wir finden. Wenn 16, 22 auch der Schreiber Tertius „im Herrn" grüßt, so sehen wir, wie der von Paulus oft angewandte Ausdruck sich seiner Umgebung mitgeteilt hat; in den Briefen der anderen Apostel kommt er nicht vor. [6]) Christus Jesus unser Kyrios, Christus Jesus, Christus, Kyrios Jesus, Kyrios — diese Bezeichnungen wählt der Apostel, wenn er Personen oder Sachen, Thätigkeiten oder Zustände in Jesu (wie wir sagen) gegründet sein läßt. Er beobachtet hier einen festen Sprachgebrauch, der durch die Einmütigkeit der Über= lieferung bestätigt wird. Wie oft schwanken sonst die Handschriften zwischen Ἰησοῦς Χριστός und Χριστὸς Ἰησοῦς! Aber in all den angeführten Stellen mit ἐν gibt Tischendorf in der octava maior keine einzige Variante mit ἐν Ἰησοῦ Χριστῷ oder mit ἐν Ἰησοῦ (statt ἐν Χριστῷ) an; wir stoßen auf ein Gesetz ohne Ausnahme.

Wir können seine Geltung bei anderen Präpositionen erproben. „Wenn wir mit Christo gestorben sind (lesen wir 6, 8), so glauben wir, daß wir auch mit ihm leben werden". Dem ἐν Χριστῷ tritt σὺν Χριστῷ zur Seite — und εἰς Χριστόν. Die Verbindung mit dem Herrn wird entweder als gegenwärtig, ruhend, geworden darge= stellt (hieher gehört auch der Ausdruck τὸ αὐτὸ φρονεῖν ἐν ἀλλήλοις κατὰ Χριστὸν Ἰησοῦν 15, 5) oder als im Entstehen be= griffen, als werdend. Im letzteren Falle tritt εἰς ein. Die jetzt in Christo Jesu sind, wurden einst „in Christum Jesum getauft" 6, 3. Epänetos heißt 16, 5 „Erstling Asiens εἰς Χριστόν"; einige Handschriften (DEFG) setzen statt des werdenden Christen, an den sich Paulus zurückerinnert, den gewordenen (ἐν Χριστῷ). Es läßt sich voraussagen, wie Paulus Jesum nennt, wenn er von dem Glauben an ihn oder genauer in ihn [7]) redet. Einmal nur (10, 14) kommt die Wendung im Römerbrief vor: Wie sollen sie anrufen, in den sie nicht geglaubt haben (= glaubend eingepflanzt worden sind)? Es ist, wie die vorhergehenden Verse zeigen,

---

[6]) Vgl. Cremer, bibl.=theol. Wörterbuch 1887 (5. Aufl.) S. 531: „Eine Eigentümlichkeit der paulinischen Schriften ~ ist das ἐν κυρίῳ (sonst nur Apok. 14, 13)." S. 532: „Ebenso fast nur paulinisch ist das ἐν Χριστῷ." Cremer gibt die zahlreichen Belegstellen und erläutert die Bedeutung des Aus= druckes.

[7]) Der Ausdruck klingt im Deutschen hart, wird hier aber der Genauigkeit wegen angewendet; die Übersetzung mit an erweckt von der Kraft und Inner= lichkeit der Verbindung eine zu schwache Vorstellung.

Kyrios im Gedanken hinzuzunehmen. (Wir können vergleichen: εἰς Χριστὸν Ἰησοῦν ἐπιστεύσαμεν Gal. 2, 16; τὸ εἰς αὐτὸν (= Χριστόν) πιστεύειν Phil. 1, 29; τῆς εἰς Χριστὸν πίστεως ὑμῶν Kol. 2, 5). Auch dann bleibt Paulus seiner Regel treu, wenn er nicht die Verbindung mit dem Herrn, sondern die Tren=nung von ihm ausdrücken will. „Ich wünschte zum Besten meiner Brüder verbannt zu sein ἀπὸ τοῦ Χριστοῦ" schreibt er 9, 3. Keine einzige Handschrift liest ἀπὸ τοῦ Ἰησοῦ.

Die besprochenen Stellen mit Präpositionen geben ein Abbild von dem Sprachgebrauch des Römerbriefes überhaupt. Zuweilen bezeichnet Paulus Jesum mit zwei oder drei Namen (ich komme auf diese Doppelnamen im nächsten Paragraphen zu sprechen); aber in der Mehrzahl der Fälle gebraucht er einen Namen, und zwar Χριστός oder κύριος. Jeder dieser beiden Namen hat an sich, woran hier zu erinnern ist, seine besondere Bedeutung. Petrus hat zuerst auf des Herrn Frage (Matth. 16, 15) ihn, den Menschensohn, als „Christus, des lebendigen Gottes Sohn" be=zeichnet. „Sohn Gottes" ist eine Apposition zu Christus, die nicht, wie Bengel meinte, eine Gradation enthält, sondern den Messias nach Seite seines Ausgangs als von Gott hergekommen bezeichnet. Auch Kaiphas verbindet in seiner Frage an den Herrn: „Bist du Christus, der Sohn Gottes?" (Matth. 26, 63) die beiden Bezeichnungen; und wenn Paulus in den Schulen Jesum ver=kündigte, daß er der Sohn Gottes sei (Acta 9, 20), so könnte dafür ebenso gut stehen: er verkündigte Jesum, daß er der Christ sei (vgl. V. 22 und S. 13 f). Verbindet sich so mit dem Namen „Christus" oder Messias die Vorstellung von seinem besonderen Ausgang aus Gott, so ist andererseits κύριος der Majestäts=name Jesu, in dem die Gemeinde den zur Rechten Gottes Er=höheten (Phil. 2, 11) anbetet. Die eben angedeutete prä=gnante Bedeutung der beiden Namen tritt indes bei Paulus in der Regel nur dann hervor, wenn sie mit anderen Namen verbunden sind; für sich allein gewinnen sie häufig die Bedeutung von Eigen=namen zur Bezeichnung der Person Jesu; wo wir „Jesus" sagen, schreibt der Apostel „Christus" oder „der Herr". Χριστός steht nicht weniger als 33 mal allein im Römerbrief, davon 9 mal mit Artikel (9, 5; 15, 3. 7 ὁ Χριστός — 7, 4; 8, 35; 15, 19; 16, 16

τοῦ Χριστοῦ, immer abhängig von einem Substantiv mit dem be=
stimmten Artikel [8]) — 9, 3 ἀπὸ τοῦ Χριστοῦ — 14, 18 τῷ Χριστῷ).
Κύριος findet sich, ganz abgesehen von den alttestamentlichen
Citaten, in denen κύριος auf Jesum bezogen wird, 16 mal allein;
davon 5 mal mit Artikel: 14, 4 ὁ κύριος; 14, 8 τῷ κυρίῳ ζῶμεν
~ τῷ κυρίῳ ἀποθνήσκομεν ~ τοῦ κυρίου ἐσμέν; 12, 11 τῷ κυρίῳ
δουλεύοντες.[9]) Χριστός und κύριος wechseln; sie treten in ver=
wandten Verbindungen füreinander ein. Nicht aber wechselt
'Ιησοῦς mit ihnen; die zwei einzigen Stellen (8, 11 und 3, 26),
in denen dieser Name allein steht (2 gegen ·49!) zeigen ihn in
prägnantem Sinn; wie in 8, 11 Jesus den Herrn in seiner ge=
schichtlichen Erscheinung, den „Menschen" Jesus bezeichnet, so auch
in 3, 26. Der Apostel wählt den Ausdruck πίστις 'Ιησοῦ, um gar
keinen Zweifel zu lassen, daß er den Glauben meine, den Jesus
selbst in den Tagen seines Fleisches bethätigt hat. Der Ausdruck
πίστις Χριστοῦ wäre zweideutig gewesen. Da die Auffassung des
Genetivus als Gen. subjektivus immer die nächstliegende ist, und
da der Apostel sich nicht scheut, den Eigennamen Χριστός in
Wendungen zu brauchen wie διὰ τοῦ σώματος τοῦ Χριστοῦ 7, 4
oder Χριστὸς ἀπέθανε 14, 9 und 15, so hätte auch jener Ausdruck
in unserm Sinn verstanden werden können, aber er hätte nicht
so verstanden werden müssen. Anders liegt der Fall bei πίστις
'Ιησοῦ. Der Ausdruck mußte von achtsamen Lesern des Briefes
als „Glaube Jesu" verstanden werden. Auch die Gegenprobe
stimmt. Wenn der Apostel den Glauben an Christum bezeichnen
will, verfügt er über eine Reihe von Wendungen, die allen Zweifel
ausschließen. Ich erinnere an Ausdrücke wie Kol. 2, 5 τῆς εἰς

---

[8]) So steht 1. Kor. 6, 15 neben μέλη Χριστοῦ τὰ μέλη τοῦ Χριστοῦ.
Diesen Vers führt Cremer mit Unrecht als Beleg dafür an, daß die Artikula=
tion „ohne bestimmte Regel" erfolge (a. a. O. S. 879). Auf die Frage näher
einzugehen, würde hier zu weit führen.

[9]) Vgl. G. B. Winer, de sensu vocum κύριος et ὁ κύριος in actis et
epistolis apostolorum. Erlangae 1828. Er kommt zu dem Resultat (S. 25):
Paulum, quae est huius apostoli in scribendo constantia, uni
propemodum Christo domini nomen imponere (sive addito sive, quod
certis rationibus fit, omisso articulo), reliquos apostolos Deum pariter ac
Christum dominum vocare, ita tamen, ut non insit in articulo utriusque
sensus discrimen.

Χριστὸν πίστεως ὑμῶν, Kol. 1, 4 τὴν πίστιν ὑμῶν ἐν Χριστῷ
Ἰησοῦ oder Eph. 1, 15 ἐν τῷ κυρίῳ Ἰησοῦ (vgl. 1. Tim. 3, 13,
2. Tim. 3, 15). Lukas hat in seiner Wiedergabe paulinischer
Reden diese Ausdrucksweise bewahrt: πίστιν εἰς τὸν κύριον ἡμῶν
Ἰησοῦν Χριστόν Acta 20, 21; πίστει τῇ εἰς ἐμέ 26, 18 (Worte des
Herrn an Paulus bei Damaskus); der Prokurator Felix hörte
περὶ τῆς εἰς Χριστὸν Ἰησοῦν πίστεως 24, 24. Wenn Paulus in
verwandtem Sinne den Genetiv zu πίστις setzt, so schreibt
er: ἐκ πίστεως Χριστοῦ oder διὰ πίστεως Χριστοῦ Ἰησοῦ Gal.
2, 16 — eine Stelle, wo überdies die Bedeutung des Genetivs
durch das Hauptverbum: εἰς Χριστὸν Ἰησοῦν ἐπιστεύσαμεν und
durch den Gegensatz (οὐκ ἐξ ἔργων νόμου) erläutert wird.

Man sieht, daß der Apostel, wenn er dem Genetiv eine dem
präpositionalen Ausdruck ähnliche Bedeutung verleihen will, die bei
diesem übliche Stellung der Namen beibehält. Dem Ausdruck τοῖς
ἐν Χριστῷ Ἰησοῦ Röm. 8, 1 entspricht im Galaterbrief οἱ τοῦ
Χριστοῦ Ἰησοῦ 5, 24 — nicht οἱ τοῦ Ἰησοῦ Χριστοῦ. Diese Beobachtung führt uns weiter. Nicht nur Röm. 3, 26 ist zu übersetzen:
den, der aus dem Glauben Jesu ist, sondern auch 3, 22 nötigt die
Stellung der Namen zu der Übersetzung: durch den Glauben Jesu
Christi. Ich führe den Beweis zunächst durch die Untersuchung
der zusammengesetzten Namen des Herrn.

§ 6. Die Doppelnamen des Herrn im Römerbrief.

Die Untersuchung, die wir beginnen, ist schwieriger als die
vorhergehende. Die Kraft des Beweises ruhte bisher nicht zum
mindesten in der Übereinstimmung aller Handschriften und Texteszeugen. Dieser Konsensus verläßt uns nun. Wie ἐν Χριστῷ, so
kehrt auch die Verbindung ἐν Χριστῷ Ἰησοῦ stereotyp wieder;
aber im übrigen schwanken die Handschriften zwischen Ἰησοῦς
Χριστός und Χριστὸς Ἰησοῦς. Offenbar hat der Apostel beide
Stellungen, die eine hier, die andere dort angewendet; um so
leichter war eine Verwechslung möglich. Er wird sicherlich nach
bestimmten Grundsätzen die eine oder die andere Stellung gewählt
haben; zu dieser Erwartung berechtigt uns das bisherige Resultat.
Aber diese Grundsätze zu erkennen, macht das prinziplose Schwanken

der Handschriften, ja einer und derselben Handschrift zu einer
schwierigen Aufgabe: wir können uns nicht unbedingt der Führung
e i n e r Handschrift anvertrauen. Tischendorf folgt z. B. Röm. 1, 1
δοῦλος Χριστοῦ ᾽Ιησοῦ dem Vaticanus wider die anderen griechischen Handschriften; aber 16, 27 διὰ ᾽Ιησοῦ Χριστοῦ schließt er
sich den letzteren wider den Vaticanus an. Umgekehrt nehmen
Westcott und Hort Röm. 1, 1 die Lesart fast aller griechischen
Uncial-Handschriften (אAEGKLP: δοῦλος ᾽Ιησοῦ Χριστοῦ) in den
Text auf und verweisen die Variante des Vaticanus an den Rand;
aber 2, 16 setzen sie die nur durch die erste Hand des Sinaiticus
unterstützte Lesart des Vaticanus διὰ Χριστοῦ ᾽Ιησοῦ in den Text
und führen die Variante διὰ ᾽Ιησοῦ Χριστοῦ am Rande auf, obwohl sie sich in אᵃADEKLP findet.[10]) Die Leser des Original-
textes waren ohne Frage für die gegenwärtige Untersuchung in
viel günstigerer Lage als wir. Für uns ist es wünschenswert, die
im Text durch Besprechung der Römerstellen gewonnenen Resultate
in den Anmerkungen an Beispielen aus den übrigen Briefen des
Apostels zu erproben.

Der Doppelname wird von Paulus seltener angewendet als
der einfache Name Χριστός oder κύριος (20 mal gegen 49 mal);
schon dieser Umstand läßt auf Wahl und Absicht des Ausdruckes
schließen. In der Zusammensetzung tritt die Prägnanz der Namen
hervor; aber dann wird eine verschiedene Gedankenbewegung her-
vorgerufen, je nachdem der geschichtliche, menschliche Name des

---

[10]) Den Abschreibern floß unwillkürlich die ihnen geläufige Verbindung in
die Feder. Wir haben dafür ein auffallendes Beispiel.. Der cod. Vaticanus,
der sehr oft im Gegensatz zu den anderen Handschriften Χριστὸς ᾽Ιησοῦς dar-
bietet, z. B. Röm. 5, 17 u. 21; 16, 25 u. 27, liest auffallenderweise Gal. 2, 16:
εἰς ᾽Ιησοῦν Χριστὸν ἐπιστεύσαμεν — eine sehr vereinsamte und von keinem
Herausgeber aufgenommene Lesart. Sie erklärt sich aus dem morgenländischen
Taufsymbol, an das der alexandrinische Schreiber hier dachte. C. P. Caspari
hat nachgewiesen (Quellen zur Geschichte des Taufsymbols III S. 67 u. 68),
daß die Verbindung Χριστὸν ᾽Ιησοῦν in keinem morgenländischen Tauf- und
Synodalsymbol vorkommt, während sie umgekehrt für das altrömische Symbol
charakteristisch ist. Man sieht daraus, daß für morgenländische Schreiber die
Versuchung größer war, Χριστὸς ᾽Ιησοῦς in ᾽Ιησοῦς Χριστός zu ändern als umgekehrt. Um so beachtenswerter ist der Konsensus morgenländischer und abend-
ländischer Zeugen.

Herrn dem Namen, der auf seinen Ausgang vom Vater hinweist, vorangeht oder auf ihn folgt. Der Kreislauf der Bewegung ist am vollständigsten, wenn noch Kyrios zu dem Doppelnamen tritt. Wir gehen von der Verbindung ὁ κύριος ἡμῶν Ἰησοῦς Χριστός aus.

„Durch unsern Kyrios Jesus Christus" haben wir Frieden in Bezug auf Gott, schreibt Paulus 5, 1; durch ihn [11]) rühmen wir uns in Gott 5, 11; preiset einhellig aus einem Munde Gott, den Vater unseres Kyrios Jesus Christus 15, 6; ich ermahne euch, liebe Brüder, durch unsern Kyrios Jesus Christus und durch die Liebe des Geistes, mir im Kampfe beizustehen durch eure Fürbitten für mich zu Gott 15, 30. — Die Stellen haben zwei gemeinsame Züge. Die Aussagen gehen alle von der Gegen= wart des Christenstandes aus („unser Kyrios") und bringen die Vermittelung unseres Verhältnisses zu Gott zu vollem Aus= druck. Die Bewegung geht von dem Namen, in welchem die Christen gegenwärtig Jesum anbeten, zu seinem menschlichen Namen zurück und mündet ein in die Bezeichnung des von Gott aus= gegangenen Messias. Als Christus steht unser Kyrios zu Gott in einem Sohnes = Verhältnisse, so daß unsere Verbindung mit ihm die Verbindung mit Gott dem Vater in sich schließt. Gott ist unser Vater, indem er der Vater unseres Herrn Jesu Christi ist, in welchem wir leben [12]); die Aufforderung zum ein= mütigen Preise Gottes 15, 6 schließt zugleich ihre volle Be= gründung in sich: wir können nun Gott als unseren Vater

---

[11]) Der Vaticanus läßt hier Χριστοῦ weg.

[12]) Der von Paulus öfter angewendete Ausdruck ὁ θεὸς καὶ πατὴρ τοῦ κυρίου ἡμῶν Ἰησοῦ Χριστοῦ (vgl. außer Röm. 15, 6 noch 2. Kor. 1, 3; 11, 31 nur in DEMP — Eph. 1, 3 — Kol. 1, 3) begegnet auch 1. Petr. 1, 3. Sehr bedeutungs= voll für die Anschauung des Heidenapostels von der Wesensgemeinschaft Christi mit dem Vater ist der Ausdruck Gal. 4, 4. Während Paulus seine eigene Sendung mit den Worten bezeichnet: ἀπέστειλέ με Χριστός 1. Kor. 1, 17, schreibt er dort von der Sendung des Sohnes: ἐξαπέστειλεν ὁ θεὸς τὸν υἱὸν αὑτοῦ Gal. 4, 4 und verwendet (im Unterschied von Lukas) diesen Ausdruck nur noch Gal. 4, 6: ἐξαπέστειλεν ὁ θεὸς το πνεῦμα τοῦ υἱοῦ αὑτοῦ. Eine Nach= wirkung dieses Sprachgebrauchs begegnet im Korintherbriefe des Clemens c. 42: ὁ Χριστὸς ἀπὸ τοῦ θεοῦ ἐξεπέμφθη, woran sich dort der geläufige Gedanke reiht: ὁ Χριστὸς οὖν ἀπὸ τοῦ θεοῦ καὶ οἱ ἀπόστολοι ἀπὸ τοῦ Χριστου.

preisen (vgl. 1, 7 und Kol. 1, 3 mit Kol. 1, 2). Christus ist der Sohn des lebendigen Gottes, nicht nur nach dem Zeugnisse Petri (Matth. 16, 16), sondern auch in der Sprache des Heidenapostels. Wiederholt tritt für Χριστός im Römerbrief ὁ υἱὸς τοῦ θεοῦ ein: 1, 3. 9; 5, 10; 8, 3. 29. 32 (vgl. z. B. ἐν τῷ εὐαγγελίῳ τοῦ υἱοῦ αὐτοῦ 1, 9 mit τὸ εὐαγγέλιον τοῦ Χριστοῦ 15, 19 u. f. w.). Auch die übrigen paulinischen Briefe liefern zahlreiche Beispiele dafür, daß der Ausdruck „unser Kyrios Jesus Christus" von der Gegenwart und vom Standpunkt der Gemeinde aus in die Ewig= keit Gottes zurückführt. [13]) — Anhangsweise erwähne ich die Ver= kürzung des Ausdruckes: κύριος Ἰησοῦς Χριστός (ohne ἡμῶν) 1, 7 (ebenso 1. Kor. 1, 3); die Weglassung erklärt sich durch den vor= hergehenden Ausdruck: ἀπὸ θεοῦ πατρὸς ἡμῶν. In 13, 14: ἐνδύσασθε τὸν κύριον Ἰησοῦν Χριστόν scheint die abweichende Les= art des Vaticanus: ἐνδύσασθε Χριστὸν Ἰησοῦν nach Gal. 3, 27: Χριστὸν ἐνδύσασθε gebildet zu sein. Vereinzelt findet sich die gutbeglaubigte Verbindung: unser Kyrios Christus (οἱ τοιοῦτοι τῷ κυρίῳ ἡμῶν Χριστῷ οὐ δουλεύουσιν 16, 18) und: unser Kyrios Jesus (ἡ χάρις τοῦ κυρίου ἡμῶν Ἰησοῦ μεθ᾿ ὑμῶν 16, 20; die Überlieferung ist hier schwankend). Im Blick auf die folgende Ausführung ist der Umstand beachtenswert, daß die Stellung ὁ κύριος ἡμῶν Χριστὸς Ἰησοῦς an keiner Stelle des Römerbriefes begegnet.

Die Probe für das richtige Verständnis der bisher behandelten Zusammensetzung ist die Anwendung, welche der Apostel von der umgekehrten Reihenfolge der Namen macht: Χριστὸς Ἰησοῦς ὁ κύριος ἡμῶν. Wenn Paulus schreibt: Gnadengabe Gottes ist ewiges Leben in Christo Jesu, unserem Kyrios 6, 23 und: nichts kann uns scheiden von der Liebe Gottes in Christo Jesu, unserem Kyrios 8, 39, so sieht man sofort, wie hier die Bewegung von Gott und dem Leben der Ewigkeit ausgeht, und von Christo aus durch sein menschliches Leben und seine Erhöhung der Gemeinde

---

[13]) Vgl. z. B. 2. Theff. 3, 6 παραγγέλλομεν δὲ ὑμῖν, ἀδελφοί, ἐν ὀνόματι τοῦ κυρίου ἡμῶν Ἰησοῦ Χριστοῦ. So verdient auch aus innerem Grunde in 1. Kor. 1, 10 die Lesart von ΑΒCLP den Vorzug: παρακαλῶ δὲ ὑμᾶς, ἀδελφοί, διὰ τοῦ ὀνόματος τοῦ κυρίου ἡμῶν Ἰησοῦ Χριστοῦ (D^gr Ee umgekehrt: Χριστοῦ Ἰησοῦ τοῦ κυρίου ἡμῶν). Vgl. 1. Kor. 1, 2.

sich mitteilt, die den Kyrios anbetet. Wir treffen genau das
Gegenbild der vorhin erwähnten zwei Züge: Gottes Wirkung
steht jetzt voran, und der in Christo liegende ewige Grund
unseres Heils wird vor der geschichtlichen Vermittelung und vor
der Bezeichnung der erhöhten Stellung des Herrn betont. An
den angeführten Stellen herrscht Übereinstimmung der Textes=
zeugen;[14]) dagegen in den beiden Stellen mit διά 5, 21 und
7, 25 schwankt die Überlieferung. Gerade bei dieser die Vermitte=
lung anzeigenden Präposition trat leicht der geschichtliche, menfch=
liche Name des Herrn in den Vordergrund. Erwägt man aber
den Zusammenhang der Stellen, so wird man (gegen Tischendorf)
5, 21 mit dem Vaticanus (vgl. Anm. 10) lesen: damit die Gnade
herrsche durch Gerechtigkeit zu ewigem Leben durch Christum Jesum,
unseren Kyrios und 7, 25 mit Origenes: χάρις τῷ ϑεῷ διὰ Χριστοῦ
Ἰησοῦ τοῦ κυρίου ἡμῶν (Griesbach, symbolae criticae II 479;
Origenes, ed. Delarue I 276). So sprechen denn die stärksten
inneren Gründe dafür, Röm. 1, 4, wo der Inhalt des εὐαγγέλιον
ϑεοῦ, zu dem der Apostel auserkoren ist, angegeben wird, zu lesen:
περὶ ᾽∿ Χριστοῦ Ἰησοῦ τοῦ κυρίου ἡμῶν. [15]) In dieser Stellung ent=
sprechen die drei Glieder genau den vorausgeschickten erläuternden
Worten: τοῦ υἱοῦ αὐτοῦ = Χριστοῦ, τοῦ γενομένου ἐκ σπέρματος
Δαυεὶδ κατὰ σάρκα = Ἰησοῦ, τοῦ ὁρισϑέντος υἱοῦ ϑεοῦ ἐν δυνάμει
etc. = τοῦ κυρίου. Mit dem sich anschließenden ἡμῶν geht dann
der Apostel zu der ihm zu teil gewordenen Gnade und Sendung
über. Die Bedeutung, welche der dreigliederige Ausdruck an den
sicher überlieferten Stellen ohne Frage hat, spricht dafür, daß
Paulus die Stellung Ἰησοῦς Χριστὸς ὁ κύριος ἡμῶν ebenso ver=
mieden hat, wie die vorhin erwähnte: ὁ κύριος ἡμῶν Χριστὸς
Ἰησοῦς; diese Stellungen würden das Gesetz zerstören, das in den

---

14) So auch Ephes. 3, 11: κατὰ πρόϑεσιν τῶν αἰώνων ἣν ἐποίησεν ἐν
(τῷ) Χριστῷ Ἰησοῦ τῷ κυρίῳ ἡμῶν. Überwiegend bezeugt: Phil. 3, 8.
Kol. 2, 6. Lehrreich ist die Vergleichung von 1. Tim. 1, 2 und 2. Tim. 1, 2:
ἀπο ϑεοῦ πατρὸς καὶ Χριστοῦ Ἰησοῦ τοῦ κυρίου ἡμῶν mit den vorhin be=
sprochenen Stellen Röm. 1, 7 und 1. Kor. 1, 3. Es fehlt hier das ἡμῶν bei
πατρός, und so schließt sich sofort Χριστοῦ an. — Dazu kommt noch 1. Tim.
1, 12.

15) Vgl. 2. Kor. 4, 5: κηρύσσομεν ᾽∿ Χριστὸν Ἰησοῦν κύριον.

dreigliederigen Ausdrücken oft und sicher genug hervortritt: zwischen Χριστός und ὁ κύριος ἡμῶν, wenn man von Gott aus= geht, und zwischen ὁ κύριος ἡμῶν und Χριστός, wenn man von der Gemeinde ausgeht, bildet Ἰησοῦς, bildet der geschichtliche Name und das geschichtliche Leben des Herrn die Brücke. [16]) Jedenfalls orientiert das Ergebnis der bisherigen Untersuchung über den Gebrauch des Doppelnamens, dem sich wegen 3, 22 unser besonderes Interesse zuwendet. Wir haben schon früher ge= funden, daß in der Verbindung mit ἐν 3, 24; 6, 11; 8, 1. 2; 15, 17; 16, 3, mit εἰς 6, 3, mit κατά 15, 5 von den Doppel= namen ausschließlich Χριστὸς Ἰησοῦς steht. Das stimmt zu dem jetzt auf anderem Wege erhaltenen Resultat. Der Name „Christus", die Bezeichnung des in Jesus Mensch gewordenen Messias, steht voran, sobald nicht die geschichtliche Vermittelung des Erlösungswerkes, sondern die religiöse Beziehung und die Glaubensstellung des einzelnen zu dem von Gott ausgegangenen Messias betont werden soll.. So nennt sich Paulus 1, 1 δοῦλος Χριστοῦ Ἰησοῦ — die Bezeichnung jedes Christen, der im Gehor= sam gegen Christum Jesum (vgl. 6, 16 ᾧ παριστάνετε ἑαυτοὺς δούλους εἰς ὑπακοήν) sein Leben führt. Der in der Person Jesu Mensch gewordene Christus ist sein Herr. [17]) Wie er 13, 6 die Träger der obrigkeitlichen Gewalt λειτουργοὶ θεοῦ nennt, so ist

---

[16]) Außer den in Anm. 14 u. 15 angegebenen Stellen kommt nur noch in Betracht 1. Kor. 1, 9, wo zu lesen sein wird: εἰς κοινωνίαν τοῦ υἱοῦ αὐτοῦ Χριστοῦ Ἰησοῦ τοῦ κυρίου ἡμῶν. 1. Kor. 15, 31 steht bei Tischendorf die richtige Stellung; die Varianten geben einen ein= oder zweigliederigen Ausdruck.

[17]) Vgl. Phil. 1, 1 Παῦλος καὶ Τιμόθεος δοῦλοι Χριστοῦ Ἰησοῦ. Sechs= mal (im Eingang der beiden Korinther=, des Epheser=, Kolosser= und der beiden Timotheusbriefe) findet sich die Bezeichnung ἀπόστολος Χριστοῦ Ἰησοῦ — durchgängig in dieser Stellung nur im Vaticanus, soweit er beigezogen werden kann; aber immer sehr stark bezeugt. Tit. 1, 1 ist (gegen Tischendorf) schon wegen des vorausgehenden δοῦλος θεοῦ nur die Stellung: ἀπόστολος δὲ Χριστοῦ Ἰησοῦ paulinisch (cod. Alex. und einige Abendländer). Philem. 1, 1 δέσμιος Χριστοῦ Ἰησοῦ. — Sehr lehrreich ist die Selbstbezeichnung des Apostels am Anfang des Galaterbriefes: Παῦλος ἀπόστολος, οὐκ ἀπ᾿ ἀνθρώπων οὐδὲ δι᾿ ἀνθρώπου, ἀλλὰ διὰ Ἰησοῦ Χριστοῦ καὶ θεοῦ πατρὸς τοῦ ἐγείραντος αὐτὸν ἐκ νεκρῶν. Der Apostel bewegt sich hier in aufsteigender Linie. Sein Apostolat ist nicht menschlichen Ursprungs, auch nicht durch einen Menschen vermittelt. Der Mittler ist Jesus Christus und Gott der Vater — Jesus Christus, der zwar

es ein nicht minder göttlicher Dienst, den er als λειτουργὸς Χριστοῦ Ἰησοῦ εἰς τὰ ἔθνη 15, 16 ausrichtet; sofort spricht er dort vom „Evangelium Gottes", dessen er priesterlich wartet. Die bedeutsame Stelle 8, 11 ist schon früher erörtert worden; in 8, 34 aber: Χριστὸς Ἰησοῦς ὁ ἀποθανών, μᾶλλον δὲ ἐγερθείς, ὅς ἐστιν ἐν δεξιᾷ τοῦ θεοῦ, ὃς καὶ ἐντυγχάνει ὑπὲρ ἡμῶν finden wir eine Aussage, deren Gedankenfortschritt an Χριστὸς Ἰησοῦς ὁ κύριος ἡμῶν erinnert. An sämtlichen 12 Stellen bestätigt sich die auf doppeltem Weg gewonnene Auffassung des Namens Χριστὸς Ἰησοῦς.

Ebenso wird die Bedeutung der Stellung Ἰησοῦς Χριστός durch die klassische Stelle gekennzeichnet: ἐν χάριτι τῇ τοῦ ἑνὸς ἀνθρώπου Ἰησοῦ Χριστοῦ 5, 15. Hier stimmen alle Textes- zeugen überein. Das Wort ἄνθρωπος ruft hier Ἰησοῦς an die erste Stelle, wie sonst θεός das Wort Χριστός. Wenn wir dem Herrn einen Gehorsam leisten, wie er Gott gebührt, nennt ihn Paulus Χριστὸς Ἰησοῦς; der zweite Adam aber heißt Ἰησοῦς Χριστός. Dieser Ausdruck ist der beste Beweis für die strenge Regel der paulinischen Redeweise. Nun erklären sich leicht die übrigen Stellen.

Die römischen Christen werden 1, 6 κλητοὶ Ἰησοῦ Χριστοῦ genannt. Wenn hier die Überlieferung die richtige Stellung be- wahrt hat, so werden sie mit diesem Ausdruck als solche bezeichnet, die dem Rufe Folge geleistet haben, den Jesus Christus zuerst hat ergehen lassen. Die Stelle erinnert an 16, 25. Wer hier die von allen Uncial-Handschriften außer dem Vaticanus gebotene Les- art κατὰ τὸ εὐαγγέλιόν μου καὶ τὸ κήρυγμα Ἰησοῦ Χριστοῦ billigt, muß mit v. Hofmann (die hl. Schrift N. T., 3. Teil 1868 S. 580) die Verkündigung als die Predigt fassen, welche Jesus Christus in die Welt gebracht hat. Ich halte, wie schon betont worden ist, weder den Vaticanus noch sonst eine Handschrift für unfehlbar; aber 16, 27 lese ich (gegen Tischendorf) aus inneren Gründen mit ihm: μόνῳ σοφῷ θεῷ διὰ Χριστοῦ Ἰησοῦ. Gerade

---

den menschlichen Namen Jesus trägt, aber als Christus Sohn Gottes und da- mit göttlichen Wesens ist. So steigt der Apostel vom gewöhnlichen Menschen, dessen Vermittelung er ablehnt, durch Jesum Christum zu Gott dem Vater auf. In umgekehrter Richtung verläuft die Überschrift des Titusbriefes.

bei διά huldigten die Schreiber einer falſchen Gleichförmigkeit: die
meiſten ſchrieben immer διὰ Ἰησοῦ Χριστοῦ, was doch nur an
Stellen wie 5, 17 διὰ τοῦ ἑνὸς Ἰησοῦ Χριστοῦ, im Gegenſatz zu
διὰ τοῦ ἑνός (Ἀδάμ) dem pauliniſchen Sprachgebrauche entſpricht.
Der Vaticanus bietet auch hier in falſcher Konſequenz διὰ τοῦ
ἑνὸς Χριστοῦ Ἰησοῦ; aber am Schluß 5, 21 folgen wir ihm, wie
ſchon erwähnt, aus gutem Grunde. Die Parallele zwiſchen dem
erſten und zweiten Adam hat ihre Schranken; es beſteht ein
Weſensunterſchied zwiſchen ihnen (vgl. 1. Kor. 15, 47 ὁ πρῶτος
ἄνθρωπος ἐκ γῆς χοϊκός, ὁ δεύτερος ἄνθρωπος ἐξ οὐρανοῦ). So
folgt am Schluß die volle Bezeichnung Jeſu: die Gnade, die
durch Gerechtigkeit zu ewigem Leben herrſcht, iſt vermittelt durch
Chriſtum Jeſum unſeren Kyrios. Es entſpricht nur dieſe Stellung
dem Gedanken; denn die in Chriſto erſchienene Gnade Gottes
herrſcht durch Jeſu Gerechtigkeit zu ewigem Leben des Kyrios und
derer, die in ihm ſind. Es iſt ein Gedankengang, den wir in
ähnlicher Weiſe 1, 3. 4 und 8, 34 beobachtet haben; man könnte
den Ausdruck „Chriſtus Jeſus, unſer Kyrios“ das mannigfach aus=
geführte Thema der pauliniſchen Verkündigung nennen. — Wie
an dieſer Stelle, ſo iſt auch 2, 16 mit dem Vaticanus und der
erſten Hand des Sinaiticus zu leſen: διὰ Χριστοῦ Ἰησοῦ (ſo
Tiſchendorf, Weſtcott und Hort). „Gott richtet (κρίνει) das Ver=
borgene der Menſchen durch Chriſtum Jeſum“, an dem Tage, an
welchem die Heilsbotſchaft von dem in Jeſu erſchienenen Meſſias
ihnen verkündigt wird und nahe tritt (v. Hofmann a. a. O.
S. 64). Verſteht man die Stelle ſo, ſo verwehrt auch der Inhalt
die Stellung: διὰ Ἰησοῦ Χριστοῦ. [18]) Die verſchiedene Natur der
Vermittelung bringt es mit ſich, daß, je nach dem Zuſammenhang,
die eine oder andere Stellung des Doppelnamens auf διά folgt;
anders als bei ἐν, das immer die Voranſtellung von Χριστῷ be=

---

[18]) In Röm. 1, 8 iſt der (von Tiſchendorf aufgenommene) Zuſatz διὰ Ἰησοῦ
Χριστοῦ, den die erſte Hand des Sinaiticus nicht hat, ein Gloſſem aus 7, 25,
wo faſt alle Handſchriften (vgl. dagegen S. 15) leſen: εὐχαριστῶ τῷ θεῷ διὰ
Ἰησοῦ Χριστοῦ τοῦ κυρίου ἡμῶν. Das Gloſſem iſt aus dem Rande in den Text
gekommen. Genau entſpricht dem gereinigten Text 1. Kor. 1, 4: εὐχαριστῶ τῷ
θεῷ μου πάντοτε περὶ ὑμῶν. Vgl. auch 1. Theſſ. 1, 2; 2. Theſſ. 1, 3.

dingt. Die Erkenntnis der richtigen Lesart ist aber durch die eine oder andere Gleichmacherei der Abschreiber erschwert.

Ich ziehe das Resultat der sprachlichen Untersuchung. Wie wir zuvor gesehen haben, daß τὸν ἐκ πίστεως Ἰησοῦ ὄντα heißen muß: der aus dem Glauben Jesu ist, so ist so viel mit aller Bestimmtheit erwiesen, daß in 3, 22 (den objektiven Gebrauch des Genetivs vorausgesetzt) nur die Stellung διὰ πίστεως Χριστοῦ Ἰησοῦ zu der Übersetzung führen könnte: durch Glauben an Christum Jesum. Diese Stellung wird aber von keiner einzigen Handschrift dargeboten. Die Varianten zeigen nicht eine Änderung der Stellung, sondern der Lesart. Wenn der cod. Alexandrinus liest: ἐν Χριστῷ Ἰησοῦ, so ist das eine theologische Korrektur, die in richtiger Beobachtung des paulinischen Sprachgebrauchs die Berechtigung zu dem herkömmlichen Verständnis der Stelle schaffen will. Die Korrektur des Vaticanus: διὰ πίστεως Χριστοῦ ist weniger gelungen. Denn dieser Ausdruck könnte an sich noch beides bedeuten: „Glaube Christi" und „Glaube an Christum". Die versuchten Korrekturen sprechen für die Echtheit von διὰ πίστεως Ἰησοῦ Χριστοῦ (אCDEFGKLP), und so wird das sprachliche Ergebnis unanfechtbar sein. Aber um so lauter erhebt sich die Frage: Wie rechtfertigt sich sachlich der Ausdruck „Glaube Jesu Christi"? Wie paßt er in den Rahmen der paulinischen Verkündigung? Die nun abgeschlossene sprachliche Untersuchung fordert von selbst den Übergang zur theologischen.[19])

II. Theologische Untersuchung.

§ 7. Die Bedeutung der Worte διὰ πίστεως in Röm. 3, 25.

Bevor ich von den Ergebnissen des sprachlichen Teiles Gebrauch mache, gebe ich in der Erörterung der Stelle Röm. 3, 25 der theologischen Untersuchung einen selbständigen Ausgangspunkt.

---

[19]) Ich gebe zum Schluß die Zahlen für die Häufigkeit der verschiedenen Benennungen des Herrn im Römerbrief: Χριστός 33, κύριος 16, Ἰησοῦς 2 — Χριστὸς Ἰησοῦς 14, κύριος Ἰησοῦς 2, ὁ κύριος ἡμῶν Ἰησοῦς 1, ὁ κύριος

Müssen wir auch hier vom Glauben Jesu reden, so tritt der sach=
liche Beweis zum sprachlichen hinzu, und das Resultat ist doppelt
gesichert.

In Kap. 3 hängt B. 25 so mit B. 24 zusammen, daß in
letzterem von der Gegenwart die Rede ist (δικαιούμενοι, be=
zogen auf ὑστεροῦνται), in B. 25 dagegen von einer einmaligen
That der Vergangenheit (προέθετο). Für die Erklärung im
einzelnen ist die allgemeine Anschauung des Apostels von der
neuen Gottesoffenbarung in Christo maßgebend, die er oft genug
im Römerbriefe darlegt. An der Herstellung unseres Heiles ist
Gott und Christus gleichermaßen beteiligt. Gottes Gnade hat sich
darin erzeigt, daß er seinen Sohn in die Welt gesandt, ihn zum
Gericht über die Sünde in den Tod gegeben 8, 3 und um unserer
Rechtfertigung willen auferweckt hat 4, 25. Von Christi Leistung
aber, durch dessen Gehorsam viele gerecht werden 5, 19, redet er
so, daß er zwischen der einmaligen, grundlegenden Bedeutung
seines Todes und der gleichmäßig fortdauernden Wirkung seines
Lebens scharf unterscheidet. Da wir noch Sünder waren, starb
Christus für uns 5, 8; als Feinde wurden wir mit Gott versöhnt
durch den Tod seines Sohnes 5, 10. Der Tod Christi hat ein
Friedensverhältnis zwischen Gott und der sündigen Menschheit
hergestellt, das an sich und von Gott aus bestünde, auch wenn
kein Mensch glaubte; durch Glauben aber wird der einzelne ge=
rechtfertigt und des Friedens teilhaftig 5, 1. Und nun gilt von
den Gläubigen: nachdem wir durch seinen Tod versöhnt sind,
werden wir um so gewisser gerettet werden durch sein Leben
5, 10. Die Gläubigen leben in Christo, der nicht mehr stirbt 6, 9;
sie haben in der dauernden Wirkung, die von dem Lebendigen aus=

ἡμῶν Χριστός 1, Ἰησοῦς Χριστός 5, Ἰησοῦς ὁ κύριος ἡμῶν 1 — Χριστὸς
Ἰησοῦς ὁ κύριος ἡμῶν 5, ὁ κύριος ἡμῶν Ἰησοῦς Χριστός 4, κύριος Ἰησοῦς
Χριστός 1 (ὁ υἱὸς τοῦ θεοῦ 6). κύριος in alttestamentlichen Citaten ist nicht
mitgerechnet. — Der Sprachgebrauch in den übrigen Briefen ist wiederholt zur
Vergleichung beigezogen worden; eine vollständige Berücksichtigung liegt außer=
halb des Rahmens dieser Untersuchung. Ich verweise vorläufig auf die Zu=
sammenstellungen von Weiß, Lehrbuch der bibl. Theologie des N. T. § 61 a
Anm. 3 (Thessalonicherbriefe), § 76 a Anm. 1 u. 2 (die vier Hauptbriefe),
§ 110 b Anm. 2 (die Pastoralbriefe).

geht, die Herrschaft über die Sünde und die Anwartschaft auf die eigene Auferweckung 6, 10—23.

Diese Grundzüge treten auch an unserer Stelle hervor, mit der Einschränkung jedoch, daß in dem ganzen Abschnitt, dem sie angehört, 3, 21—26, der Nachdruck nicht auf der Wirkung des Heils auf die Gläubigen, sondern auf seiner Herstellung, auf der Offenbarung der Gerechtigkeit Gottes liegt. Die Rechtfertigung, die wir geschenkweise erhalten, und deren Grund die Gnade Gottes ist, vermittelt sich V. 24 διὰ τῆς ἀπολυτρώσεως τῆς ἐν Χριστῷ Ἰησοῦ, d. h. dadurch daß in Christo Jesu Befreiung aus der Schuld= haft und damit Vergebung der Sünden (vgl. Ephes. 1, 7) vorhanden ist. Der Ausdruck weist auf die Zahlung eines Lösegeldes (λύτρον) hin und damit aus der Gegenwart auf die Vergangenheit zurück. Der Relativsatz, der sich an Χριστῷ Ἰησοῦ anschließt, bringt die Thatsache der Vergangenheit: ὃν προέθετο ὁ θεὸς ἱλαστήριον διὰ πίστεως ἐν τῷ αὐτοῦ αἵματι V. 25.

Die Stellung des Subjektes trennt den Satz in zwei Teile. Der erste Teil lautet: „welchen vorstellte Gott ...“ Bei der Über= setzung des Verbums ist zu beachten, daß es als Aorist eine Handlung in der Vergangenheit bezeichnet, andrerseits daß es medialer Aorist ist, also nicht gleich προέθηκεν. Das mediale προτίθεσθαι bezeichnet eine Handlung, bei der das Subjekt von sich aus das Objekt aus seiner bisherigen Verbindung entläßt und vor sich hin stellt; so gebraucht es der Apostel 1, 13 von einem objektiv ge= wordenen Vorsatz, der aus dem subjektiven Bereich vorübergehender Gefühlsregung oder unbestimmten Wünschens herausgetreten ist.[20] Die That, durch welche das Lösegeld für die Sünder bezahlt wurde, ging von Gott aus; Gott stellte Christum, den er in die Welt gesandt hatte 8, 3 und dessen er nicht verschonte 8, 32, dar als ἱλαστήριον διὰ πίστεως ἐν τῷ αὐτοῦ αἵματι. Diese zusammen= gehörenden Worte[21] bezeichnen den Beitrag Christi zu der Er=

---

[20] Das Verbum begegnet nur einmal noch bei Paulus: Eph. 1, 9 κατὰ τὴν εὐδοκίαν αὐτοῦ, ἣν προέθετο ἐν αὐτῷ. Wir treffen hier den nämlichen Gesichtspunkt. — Zu Röm. 3, 25 vgl. Wilke-Grimms Lexikon s. v. προτίθημι: medio significari videtur sui ipsius filium fuisse eum, quem proponeret cf. Rom. 8, 32.

[21] So z. B. v. Hofmann, Römerbrief (1868) S. 113. — Die Präposi=

lösungsthat Gottes. — Der exegetische Streit über ἱλαστήριον ist alt, und es herrscht noch keine Übereinstimmung über das Wort, wenn auch der Ausleger, die es, trotzdem der Artikel fehlt, gleich „Sühndeckel der Bundeslade", כַּפֹּרֶת nehmen, immer weniger werden.[22]) Die Anspielung tritt zu unvermittelt auf, als daß sie von den Lesern hätte verstanden werden können. Nach dem exege= tischen Grundsatze, daß man von der zunächst liegenden Er= klärung ausgehen muß, dürfte man auch zu der neutrischen Form (= Sühnemittel) nur dann greifen, wenn die maskulinische Be= ziehung, die durch ὅν προέθετο nahe gelegt wird, unmöglich wäre. Das ist sie aber mit nichten. v. Hofmann meint zwar (a. a. O. S. 114): „Als Mask. kann der Apostel ἱλαστήριον nicht gedacht haben, da es wohl ἱλαστήρια gab, aber nicht ἱλαστήριοι" und „Christus ist Sühne, ἱλαστήριον, wie er Luk. 2, 30 Heil, σωτήριον heißt." Aber so gut Paulus Tit. 2, 11 die Gnade Gottes σωτήριος nennt, so gut kann er Christum als ἱλαστήριος, als Sühner be= zeichnen. Mit Recht ist daher Fricke[23]) zu der Erklärung „sühnend = expians" zurückgekehrt, welche schon die griechisch=lateinischen Handschriften der paulinischen Briefe, codd. Claromontanus und Boernerianus, darbieten (= propitiatorem).

Christus, den Gott als Sühner darstellte, war dies διὰ πίστεως ἐν τῷ αὐτοῦ αἵματι. Klar ist die letzte Bestimmung: in seinem Blut, in seinem Kreuzestod vollzog sich die Sühnung. Daß man aber διὰ πίστεως auf den heilsaneignenden Glauben der Gläubigen bezieht, unterliegt den schwersten Bedenken.

Fürs erste handelt der Relativsatz von dem einmaligen histo= rischen Faktum des Todes Christi, durch welchen Gott, da die Menschen, auch die späteren Christen, noch Feinde waren 5, 10,

---

tionalausdrücke würden auf προέθετο zu beziehen sein bei der Stellung: ὅν ἱλαστήριον προέθετο ὁ θεὸς διὰ πίστεως ἐν τῷ αὐτοῦ αἵματι.

[22]) So Delitzsch in der hebr. Übersetzung des N. T. und im Römerbrief (1870) S. 79; Cremer in seinem Wörterbuch 5. A. S. 436; Ritschl auch in der neuesten Aufl. der chr. Lehre von der Rechtfertigung und Versöhnung II 3. Aufl. S. 172.

[23]) Der paulinische Grundbegriff der δικαιοσύνη θεοῦ erörtert auf Grund von Röm. 3, 21—26 (1887) S. 62—64. Vgl. auch van Hengel, interpretatio epistolae Pauli ad Romanos Tom. I (1855) p. 327—29.

die Welt mit sich selber versöhnte (2. Kor. 5, 19). Mag man nun διὰ πίστεως auf ἱλαστήριον (in irgend welchem Sinne) oder auf προέθετο beziehen: was soll das heißen, daß die Versöhnungs= that Gottes in Christo διὰ πίστεως der Gläubigen vermittelt war? Man hat kein Recht, den Gedanken dahin umzubiegen, daß man sagt, die Sühnung komme eben nur den Glaubenden zu gute. Denn nicht von der Wirkung der Sühnung in der Gegenwart, sondern von ihrer Herstellung in der Vergangenheit ist in dem Relativsatz die Rede. Und diese vollzog sich nicht durch Glauben der Menschen. Denn darin besteht das anbetungswürdige Wunder der Liebe Gottes in Christo, daß er für die ganze Menschheit eine Sühnung der Sünde beschaffte und den Zorn von ihr wandte, dem sie um ihrer Gottlosigkeit und Ungerechtigkeit willen verfallen war 1, 18.

Zum anderen entspricht die gewöhnliche Deutung von διὰ πίστεως nicht den folgenden Worten. Die That Gottes in Christo, die in der Mitte der Zeit sich vollzog, hat ebenso rückwirkende wie vorgreifende, eine neue Zeit heraufführende Bedeutung. Christi Opfertod war auch die Sühne für die Vergangenheit, da Gott in Langmut die Sünden übersah. Man zerstört aber die Verbindung dieser Aussage mit dem Relativsatz, wenn man in diesem nur eine durch Glauben vermittelte Sühnung gelehrt findet. Inwiefern hat doch die Gerechtigkeit Gottes im Blute Christi die gegen Juden und Heiden geübte, zuwartende Nachsicht während der Vergangenheit ausgeglichen, wenn der Opfertod Christi nicht an und für sich die Süh= nung brachte, sondern diese — nur durch heilsgeschichtlichen Glauben, wie ihn Abraham hatte (διὰ πίστεως), oder noch spezieller durch den christlichen Glauben (διὰ τῆς πίστεως) [24]) sich subjektiv vermittelt? Man übersieht, daß die Glaubens=Vermittelung, welche den ein= zelnen an der geschehenen Sühnung teilnehmen läßt, da durchaus

---

[24]) Fricke (a. a. O. S. 66 Anm. 54) entscheidet sich für die Variante, διὰ τῆς πίστεως (BEKLP), die jedoch nur eine Korrektur der ursprünglichen Les= art im Sinne der gewöhnlichen Erklärung ist. Denn ἡ πίστις verhält sich meistens zu πίστις, wie ὁ νόμος zu νόμος. Der bestimmte Artikel verengert gewöhnlich den Begriff des heilsgeschichtlichen Glaubens zu dem der neuen Gottesoffenbarung in Christo entsprechenden Glauben, wie andrerseits den Be= griff von Gesetz überhaupt zu dem alttestamentlichen Gesetz.

nicht am Platze ist, wo von dem geschichtlichen Eintritt der ein für allemal giltigen, sühnenden Gottesthat gehandelt wird. [25])

Zum dritten ist die Beziehung von διὰ πίστεως auf den sühnenden Christus so notwendig, als sie in der bisher abgewiesenen Richtung unmöglich ist. Die That der Sühnung ist durch Gott und Christus geschehen; auch von Christus, nicht von Gott allein stammt Gnade und Friede, die sich jetzt auf die Gläubigen ergießen 1, 7. Nun hebt ohnehin die Form des Satzes: ὃν προέθετο ὁ θεός die Urheberschaft Gottes an der Herstellung des Heiles stark hervor. Ohne den Zusatz διὰ πίστεως sänke Christus zur völligen Passivität eines alttestamentlichen Opferlammes herab, das stumm und willenlos den Tod erleidet. Es ist der Vorzug des leidenden Gerechten in Jes. 53 vor dem Schlachtlamm, daß er willentlich seinen Mund nicht aufthut und sich mit Bewußt=sein in das Leiden ergibt, das über ihn ergeht. Die höchste Aktivität im Leiden wird durch den Zusatz διὰ πίστεως unserem Herrn Christus zugeschrieben, und dadurch erst erhält sein am Kreuz verströmendes Blut sühnende Kraft in den Augen Gottes. Man halte nicht entgegen, daß in Kap. 5, 9, wo der Ausdruck ἐν τῷ αἵματι αὐτοῦ wiederkehrt, der hier für so notwendig er=achtete Zusatz διὰ πίστεως fehle. Dort ist nicht von dem Ver=halten Christi zu Gott während seines Opfertodes die Rede, son=dern von unserer im Kreuzestode gegründeten Rechtfertigung; hier genügt die Andeutung der objektiven Thatsache. Warum redet

---

[25]) Auch Weiß (in der siebenten Auflage von Meyers kritisch=exeg. Hand=buch über den Römerbrief 1886 S. 179) berücksichtigt den Zusammenhang unserer Stelle mit εἰς ἔνδειξιν ∽ ἁμαρτημάτων nicht genug. Er lehnt zwar die Be=ziehung von διὰ (τῆς) πίστεως auf προέθετο mit der ganz richtigen Bemerkung ab, daß „die göttliche That, wodurch er den Menschen ein Sühnmittel propo=nierte, nicht durch den menschlichen Glauben vermittelt sein kann", kommt aber dann zu der Deutung, daß „Gott ein Sühnmittel proponierte, das mittelst des Glaubens seine sühnende Kraft und Wirkung empfängt". Aber nicht die Propo=nierung eines Sühnemittels, dessen Wirkung anders als die der alttestament=lichen Sühnemittel vom subjektiven Glauben der Menschen abhängt (ein hier fern liegender Gedanke), war nach den klaren Worten des Apostels die Absicht Gottes, sondern die „thatsächliche Erweisung seiner Gerechtigkeit" (Weiß S. 181). Die Worte εἰς ἔνδειξιν u. f. f. bestätigen, besonders durch den Hin=blick auf die Vergangenheit, daß in dem Relativsatz nur von der objektiven, ein für allemal geschehenen Thatsache des Opfertodes Christi die Rede ist.

doch der Apostel z. B. Phil. 2, 6 ff., wo er Christum darstellt, von seinem Ausgang aus Gott bis zu seiner Erhöhung zu Gott so nachdrücklich von seiner ὑπακοή? Warum findet er in dem Umstand „er ward gehorsam bis zum Tode, ja zum Tode am Kreuz" den Grund seiner Erhöhung? Die Antwort liegt in dem Abschnitt Röm. 5, 12—21; aus ihm konnten auch die römischen Christen die Bedeutung des Glaubens Jesu ersehen. Hier konnten sie lernen, daß in dem Opfertod Christi mit der objektiven That= sache die subjektive Bedingung (Glaubensgehorsam des zweiten Adam) sich verbunden hat. Vereinigten sie die beiden Aussagen Röm. 5, 9: δικαιωθέντες ἐν τῷ αἵματι αὐτοῦ und Röm. 5, 19: διὰ τῆς ὑπακοῆς τοῦ ἑνὸς δίκαιοι κατασταθήσονται οἱ πολλοί mit= einander, so hatten sie den Kommentar zu Röm. 3, 25: ἱλαστήριον διὰ πίστεως ἐν τῷ αὐτοῦ αἵματι. Sie mußten dann die Stelle so verstehen, wie wir meinen; es ließ ja der Apostel auch sonst erkennen, daß ὑπακοή und πίστις für ihn synonyme Begriffe waren (vgl. Röm. 16, 19: ἡ ὑμῶν ὑπακοὴ εἰς πάντας ἀφίκετο mit Röm. 1, 8: ἡ πίστις ὑμῶν καταγγέλλεται ἐν ὅλῳ τῷ κόσμῳ).

Ich fasse das nunmehr begründete Verständniß des Verses zusammen: ὅν (= Χριστὸν Ἰησοῦν) προέθετο ὁ θεὸς ἱλαστήριον διὰ πίστεως ἐν τῷ αὐτοῦ αἵματι. Gott beschaffte die Sühnung der sündigen Menschheit. Er sandte Christum in die Welt, damit er das Lösegeld bezahle. Nun hängt der Mensch Jesus Christus (Röm. 5, 15) am Kreuz, Gottes Auge ist auf ihn gerichtet. Es ist die Stunde, da sich das Geschick der Menschheit entscheidet. Der erste Adam fiel im Garten des Paradieses; wird der zweite Glauben halten am Stamme des Kreuzes? Wird sein Ge= horsam die furchtbare Kluft überbrücken, die sich zwischen Gott und ihm aufgethan hat? Er allein ermißt ihre Weite; er war zuvor beim Vater, und nun hängt er als ein Fluch am Holze. Bei niemand findet er Hilfe; völlig allein gelassen, wie kein Mensch zuvor und keiner nach ihm, ist er in seinem Todeskampfe; die Freunde sind geflohen, die Feinde spotten sein; er hängt da in der Finsterniß als ein von Gott Verlassener. Da lernte Jesus Christus Gehorsam an seinem Leiden (Hebr. 5, 8); da ist er der Anfänger und Vollender unseres Glaubens geworden (Hebr. 12, 2). Als er den Kelch der Leiden trank, vor dem er in Gethsemane gezittert, und die satanische Versuchung (Bist du Gottes Sohn, so steig' herab vom Kreuz), wie einst in der Wüste, von sich wies und fest blieb im Glauben und seine einzige Zuflucht zu Gott nahm und es bezeugte, daß sein Werk vollbracht sei, das verloren war in der Menschen Augen, und seinen Geist in des Vaters Hände befahl, da war er unser „Sühner durch Glauben in seinem Blute", da vollbrachte er unsere Erlösung. Dank sei ihm dafür in Ewigkeit.

§ 8. Zusammenfassende Erklärung des Abschnittes Röm. 3, 21—26.

In diesem Abschnitt ist an drei Stellen, wie wir zu erweisen versucht haben, vom Glauben Jesu die Rede; in 3, 22 und 26 waren sprachliche Gründe, in 3, 25 sachliche entscheidend. Es schließt sich naturgemäß eine übersichtliche Betrachtung des ganzen Abschnittes an. Wir wollen sehen, wie an den zwei zuvor besprochenen Stellen die sachliche Auslegung zu der sprachlichen stimmt, und in welcher Beleuchtung der ganze Abschnitt unter dem neuen Gesichtspunkte erscheint, den wir gefunden haben.

Vorbemerkungen.

In dem Teile des Römerbriefes, welchem der Abschnitt 3, 21—26 angehört, treten δικαιοσύνη und πίστις als herrschende Hauptbegriffe hervor. Es gilt, Verwandtschaft und Unterschied der beiden festzustellen.

Fürs erste ist von δικαιοσύνη und πίστις nur auf dem Offenbarungsgebiete die Rede. Die Gerechtigkeit Gottes offenbart sich in dem Evangelium 1, 17; der Mensch wird gerecht aus Glauben 3, 28. Glaube aber setzt eine vorhergehende Offenbarung voraus; dieser Satz gilt so unbedingt, daß auch das Widerspiel des Glaubens, die ἀπιστία nur auf dem Gebiete der Offenbarung auftritt: 3, 3; 4, 20; 11, 20. 23. Es ist der von Gliedern des Offenbarungsvolkes ausgesagte oder von ihnen (wie von Abraham 4, 20) abgewiesene Ungehorsam wider die Offenbarung. Auf dem Gebiete des naturwüchsigen Völkertums und wider das ungläubige Israel offenbart sich nicht δικαιοσύνη, sondern ὀργὴ Gottes 1, 18 (vgl. 5, 9 σωθησόμεθα δι' αὐτοῦ ἀπὸ τῆς ὀργῆς). „Gerechtigkeit" Gottes steht im Gegensatz zum „Zorne" Gottes; schon hieraus ergibt sich, daß unter Gottes Gerechtigkeit hier nicht S t r a f gerechtigkeit verstanden sein kann.

Fürs zweite gilt von diesen, wie von den andern Gütern der Offenbarung, daß sie von Gott durch Christum zu den Menschen gebracht worden sind. Ich lenke die Aufmerksamkeit auf den stehenden Gebrauch des Apostels, alle gute und alle vollkommene Gabe, die durch Christum den Menschen zu teil wird, zuvörderst als ein Gott angehöriges Gut oder als eine ihm zukommende Eigenschaft zu bezeichnen: von ihm steigt sie durch Christum zu den Menschen herab. Ich gebe Beispiele aus dem Römerbrief.

G e r e c h t i g k e i t (δικαιοσύνη) erscheint als Eigenschaft Gottes 3, 5 (an dieser Stelle nach dem Zugeständnis aller Ausleger), als Eigenschaft Christi 5, 21; sie wird schließlich zur Eigenschaft des Gläubigen 4, 5. — Der Apostel redet von der G n a d e (χάρις) Gottes 3, 24, des e i n e n Menschen Jesu Christi 5, 15 oder des Herrn 16, 20; er erwähnt aber auch die Gnade „τὴν δοθεῖσάν μοι ἀπὸ τοῦ θεοῦ" 15, 15. Ähnlich ergießt sich der F r i e d e (εἰρήνη) von Gott und dem Herrn Jesu in die Herzen der Gläubigen 1, 7; vgl. 14, 17. — Von der L i e b e (ἀγάπη) sagt Paulus geradezu: die Liebe Gottes ist ausgegossen in unseren Herzen 5, 5; also eine Eigenschaft Gottes ist menschliche Eigen= schaft geworden. Aber die Liebe Gottes ruht in Christo Jesu, unserem Herrn, 8, 39, von dessen Liebe nichts uns scheiden kann 8, 35. — Nicht anders verhält es sich mit der H e r r l i c h k e i t (δόξα) Gottes. Diese, die Eigenschaft des unvergänglichen Gottes 1, 23, wird zur Eigenschaft der Kinder Gottes 8, 21, die an uns soll offenbaret werden 8, 18. Die Sünder dagegen ermangeln ihrer 3, 23.[26]) Vermittelt wird die δόξα Gottes den Menschen

---

[26]) v. Hofmann (Römerbrief 1868 S. 109) unterscheidet zwischen der Herrlichkeit Gottes 1, 23 und der göttlichen Herrlichkeit (des Menschen) 3, 23 oder 5, 2, ebenso wie zwischen der Gerechtigkeit Gottes 3, 5 und der göttlichen Gerechtigkeit (des Menschen) 3, 21 oder 10, 3. „Das eine Mal ist von der Gerechtigkeit, der Herrlichkeit die Rede, welche Gotte dem gerechten und herr=

durch die δόξα Christi,· wie namentlich 2. Kor. 3, 18 zeigt; „wir
alle, die Herrlichkeit des Herrn abspiegelnd, werden zu demselbigen
Bilde umgestaltet, von Herrlichkeit aus zu Herrlichkeit hin."[27] —
Dieselbe Beobachtung machen wir nun auch bei dem Zentralworte
der paulinischen Verkündigung, bei πίστις. Es ist höchst be=
achtenswert, daß Paulus (und zwar er allein) von einer πίστις
τοῦ θεοῦ redet 3, 3[28]) und sie der ἀπιστία τινῶν gegenüberstellt.
Der Gegensatz zwischen „Treue Gottes" und „Unglaube der
Menschen" beweist, daß dem Apostel die Spaltung des Begriffes
πίστις in die Bedeutungen „Treue" und „Glaube", zu der uns
die deutsche Sprache nötigt, nicht in den Sinn gekommen ist.[29])
Es steht mit πίστις wie mit ἀγάπη. Wie die Liebe in unseren
Herzen ein Ausfluß der Liebe Gottes ist, so verdanken wir unsere
πίστις der πίστις Gottes, welche διὰ πίστεως Ἰησοῦ Χριστοῦ sich
geoffenbaret hat. Die nächste Stelle für πίστις nach Römer 3, 3

---

lichen eignet, das andere Mal von der göttlichen Gerechtigkeit oder Herrlichkeit
des Menschen." Das ist gewiß richtig; aber beide Redeweisen stehen in engster
Verbindung. Das Wesen der Offenbarung besteht darin, zu zeigen, wie Gottes
herrliche Eigenschaften sich in Christo den Menschen mitteilen. Die Übersetzung
„Ehre vor Gott, Herrlichkeit vor Gott" hat v. Hofmann mit Recht abgewiesen.

[27]) „ἀπὸ δόξης εἰς δόξαν" bedeutet nicht „von einer Herrlichkeit zur
andern", sondern bezeichnet die Bewegung von der Herrlichkeit des Herrn
aus zu unsrer eigenen Herrlichkeit; dies beweist der erklärende Zusatz: καθάπερ
ἀπὸ κυρίου πνεύματος „als vom Herrn des Geistes aus".

[28]) Man sieht, wie im paulinischen Sprachgebrauch der Genetivus subjectivus überwiegt. — Anders schreibt Markus 11, 22: ἔχετε πίστιν θεοῦ. Vgl.
dagegen: ἡ πίστις ὑμῶν ἡ πρὸς τὸν θεόν 1. Thess. 1, 8.

[29]) Vgl. Schlatter, der Glaube im neuen Testament (1885) S. 567: „Es
bricht für den Gedanken der Briefe, was wir als Treue und Glauben scheiden,
nicht auseinander. ∞ Die πίστις empfängt ihren Inhalt aus der Stellung
dessen, der sie übt; auf Gottes Seite ist sie die That der Hilfe und die Gabe
des Reiches, auf des Menschen Seite ist sie Glaube, der auf sein Wort ver=
traut. Ganz analog ist 2. Tim. 2, 13 gedacht." In der Stelle 2. Tim. 2, 13
steht wieder der „treue" Gott den „ungläubigen Menschen" gegenüber:
εἰ ἀπιστοῦμεν, ἐκεῖνος πιστὸς μένει. Vgl. zu dem Ausdruck 1. Kor. 1, 9;
10, 13 — 2. Kor. 1, 18 — 1. Thess. 5, 24 — 2. Thess. 3, 3 (πιστὸς ὁ κύριος);
ferner Hebr. 10, 23 (πιστὸς ὁ ἐπαγγειλάμενος); 11, 11. Auch Petrus schreibt
von dem πιστὸς κτίστης (1. Petr. 4, 19) und Johannes nennt Gott πιστὸς
καὶ δίκαιος (1. Joh. 1, 9). Den singulären Ausdruck πίστις τοῦ θεοῦ hat
Paulus sicherlich mit Rücksicht auf seine Zentrallehre angewendet.

ist 3, 22; man sieht, wie die $\pi i\sigma\tau\iota\varsigma$, die göttlicher Art und Natur ist, nunmehr durch Jesum Christum in ihrer ganzen Fülle offenbar geworden ist; durch ihn ist sie menschliche Eigenschaft geworden, welche sich allen mitteilt, die in Christo Jesu sind. Auch $\pi i\sigma\tau\iota\varsigma$ gehört zu den göttlichen Eigenschaften, welche von Gott durch Christum uns zu teil werden. An sich ist nur Gott $\pi\iota\sigma\tau\acute{o}\varsigma$; nun aber heißen auch die Christen $\pi\iota\sigma\tau o\acute{\iota}$.

Diese zweite Vorbemerkung erleidet durch die dritte eine Ein= schränkung. Da Gottes $\pi i\sigma\tau\iota\varsigma$ und $\delta\iota\kappa\alpha\iota o\sigma\acute{\nu}\eta$ verwandte Begriffe sind, wie der Vergleich von 3, 3 und 3, 5 beweist, so könnte der Satz 3, 22 auch lauten: $\pi i\sigma\tau\iota\varsigma$ $\delta\grave{e}$ $\vartheta\varepsilon o\tilde{v}$ $\delta\iota\grave{a}$ $\pi i\sigma\tau\varepsilon\omega\varsigma$ '$I\eta\sigma o\tilde{v}$ $X\varrho\iota\sigma\tau o\tilde{v}$ $\varepsilon i\varsigma$ $\pi\acute{a}\nu\tau\alpha\varsigma$ $\tau o\grave{v}\varsigma$ $\pi\iota\sigma\tau\varepsilon\acute{v}o\nu\tau\alpha\varsigma$; der Apostel zieht vor zu schreiben: $\delta\iota\kappa\alpha\iota o\sigma\acute{\nu}\eta$ $\vartheta\varepsilon o\tilde{v}$. Es ist dies der umfassendere und vollere Ausdruck, der die $\pi i\sigma\tau\iota\varsigma$ in sich schließt. Gott ist $\pi\iota\sigma\tau\acute{o}\varsigma$, weil er $\delta\iota\kappa\alpha\iota o\varsigma$ ist. Bei uns aber ist die $\pi i\sigma\tau\iota\varsigma$ die Quelle der $\delta\iota\kappa\alpha\iota o\sigma\acute{\nu}\eta$; unsere Gerechtigkeit ist Wirkung des Glaubens; wir sind als $\pi\iota\sigma\tau o\grave{\iota}$ auch $\delta\iota\kappa\alpha\iota o\iota$. So kommt es, daß mit der $\delta\iota\kappa\alpha\iota o\sigma\acute{\nu}\eta$ auf Seite Gottes $\pi i\sigma\tau\iota\varsigma$ als entsprechendes Verhalten auf Seite des Menschen korrespondiert. Die Gottes $\pi i\sigma\tau\iota\varsigma$ er= weisende Offenbarung seiner Gerechtigkeit ruft unsere zur Ge= rechtigkeit führende $\pi i\sigma\tau\iota\varsigma$ hervor. Doch damit treten wir in die Erklärung des Abschnittes selbst ein.

Erklärung von Röm. 3, 21—26.

„Nun aber ist, abgesehen von (irgend welchem) Gesetz, die Gerechtigkeit Gottes offenbar geworden, bezeugt von dem Gesetz und den Propheten: nämlich Gottes Gerechtigkeit durch den Glauben Jesu Christi für alle, die glauben." — Das richtige Verständnis dieses Satzes wird durch zwei, in ihrer Bedeutung nicht erkannte Fingerzeige vorbereitet. Es heißt $\chi\omega\varrho\grave{\iota}\varsigma$ $\nu\acute{o}\mu o\nu$ und nicht $\chi\omega\varrho\grave{\iota}\varsigma$ $\check{e}\varrho\gamma\omega\nu$ $\nu\acute{o}\mu o\nu$ und zum andern $\pi\varepsilon\varphi\alpha\nu\acute{e}\varrho\omega\tau\alpha\iota$ und nicht $\varphi\alpha\nu\varepsilon\varrho o\tilde{v}\tau\alpha\iota$

Die Unterscheidung von $\nu\acute{o}\mu o\varsigma$ und $\check{e}\varrho\gamma\alpha$ $\nu\acute{o}\mu o\nu$ gibt dem Apostel ein einfaches Mittel an die Hand, das auszudrücken, was wir schwerfällig durch den Zusatz von objektiv (objektive Ge=

setzesforderung) und subjektiv (subjektive Gesetzeserfüllung) unter=
scheiden. Lehrreich ist hierfür der vorhergehende Vers 20 und
dann V. 28. Die objektive Bedeutung des Gesetzes besteht darin,
daß es Sündenerkenntnis zu vermitteln bestimmt ist (vgl. 5, 20;
7, 7 u. a.); Gerechtigkeit würde es nur dann wirken können, wenn
es vollständig erfüllt würde 2, 13; 10, 5; weil aber subjektive
Erfüllung des pneumatischen Gesetzes (7, 14) dem Fleische un=
möglich ist, darum gilt der Satz: ἐξ ἔργων νόμου οὐ δικαιωθήσεται
πᾶσα σάρξ 3, 20. Er wird ergänzt durch die ebenfalls ganz auf
subjektivem Gebiete liegende Aussage 3, 28, daß der Mensch durch
Glauben gerechtfertigt wird χωρὶς ἔργων νόμου. Die Worte
χωρὶς νόμου in V. 21 künden demnach von vornherein an, daß
im folgenden ein objektives Rechtfertigungs=Prinzip zur Aus=
sage kommt, das sich von νόμος unterscheidet. Christus ist „des
Gesetzes Ende" 10, 4. Auf der Vermittelung durch Christum
liegt in dem Satze 3, 22 der Nachdruck, nicht auf dem subjektiven
Glauben, dessen Gegensatz der Apostel eben nicht durch νόμος, sondern
durch ἔργα νόμου ausgedrückt hätte. Gott rechnet dem Gläubigen Ge=
rechtigkeit zu χωρὶς ἔργων 4, 6; aber seine Gerechtigkeit ist offenbar
geworden — durch den Glauben Jesu Christi χωρὶς νόμου.

„Sie ist offenbar geworden", schreibt der Apostel und nicht:
„sie wird geoffenbart". Er redet also von der ein für allemal
geschichtlich erfolgten Offenbarung, deren Wirkung in der Ge=
genwart fortdauert, die aber nicht selber sich täglich erneuert.
Bei der herrschenden Auslegung des Satzes wäre das Präsens
φανεροῦται unumgänglich notwendig; ebenso wie 1, 17 von der
täglich im Evangelium sich vollziehenden Offenbarung ἀποκαλύπτεται
steht. Die Ausleger reden an unserer Stelle von dem „Präsens
der vollendeten Handlung", vgl. 2, 25; 7, 2; 14, 23, ziehen aber
die daraus sich ergebende Folgerung nicht. v. Hofmann erklärt
(a. a. O. S. 105): Die Gottesgerechtigkeit ist in die Wirklichkeit
eingetreten, wo sie zuvor nicht zu sehen gewesen war. Aber wo
bleibt dann die vollendete Handlung, wenn er weiterhin die=
selbe Gerechtigkeit, deren Erscheinung διὰ πίστεως Ἰησοῦ Χριστοῦ
vollendet ist, hier als eine durch Glauben an Jesum Christum
sich vermittelnde bezeichnet findet? Die von Weiß angeführte
Parallelstelle Hebr. 9, 26 erläutert nicht nur das Perfekt, sondern

den ganzen Gedanken: *νυνὶ δὲ ἅπαξ ἐπὶ συντελείᾳ τῶν αἰώνων εἰς ἀθέτησιν τῆς ἁμαρτίας διὰ τῆς θυσίας αὐτοῦ πεφανέρωται.* [30]) Diese Offenbarung ist einmal „durch den Glauben Jesu Christi in seinem Blute" erfolgt; ihre Wirkung genießen die Gläubigen. Es ist ein günstiger Umstand, daß durch den bisherigen Gang der Untersuchung der alte und endlos scheinende Streit über die Bedeutung von *δικαιοσύνη θεοῦ* in 3, 21 von vornherein ent= schieden ist. Ich brauche mich nicht mehr mit den verschiedenen Auffassungen auseinanderzusetzen. Das hat in scharfsinniger, in der Polemik meist glücklicher Weise Fricke gethan; er selber ist auf halbem Wege stehen geblieben. [31]) Die richtige Auffassung, daß hier von der „thatsächlich erschienenen, heilskräftigen Gerechtigkeit Gottes in Christo" die Rede ist, hat A. Michelsen vorgetragen; ich verweise auf seinen trefflichen Aufsatz. [32])

Das nächstliegende Verständnis, das dem Leser sich zuerst anbieten mußte, ist hier das richtige. Wenn die Römer des „Apostels Worte unbefangen nach den Gesetzen des ihnen be= kannten griechischen Sprach= und Schreibgebrauches" [33]) lasen, ver= suchten sie, die Genetive in 3, 21 und 22 zunächst als Gen. sub-iectivi aufzufassen, und da sie hierbei zu einem guten Sinn kamen, beruhigten sie sich dabei. Es fiel ihnen nicht ein, anzunehmen, daß unter *δικαιοσύνη θεοῦ* in 3, 22 etwas anderes zu verstehen sei als in 3, 5 und in 3, 26 wieder etwas anderes als in 3, 22: so sprunghaft und verwirrend hat Paulus nicht geschrieben. Die jetzt geoffenbarte *δικαιοσύνη θεοῦ* ist die Eigenschaft Gottes, ver=

---

[30]) „Einmal ist er geoffenbart worden, und damit war es gethan, wie das Perfektum *πεφανέρωται* besagt" schreibt v. Hofmann im Kommentar zum Hebräerbrief (1873 S. 370). Dann hat aber doch wohl *πεφανέρωται* in Röm. 3, 21 dieselbe Bedeutung.

[31]) Schlagend wird von Fricke (a. a. O. S. 19 ff.) der Nachweis geführt, daß der Genetiv nicht, wie man ihn jetzt gewöhnlich faßt, gen. originis sein kann.

[32]) Luthardts Zeitschrift für kirchliche Wissenschaft und kirchliches Leben 1884 S. 133—138.

[33]) Worte Klostermanns in der Einleitung zu seinen „Korrekturen zur bis= herigen Erklärung des Römerbriefs" (1881) S. 2. Die Vorteile, welche die ersten Leser vor den späteren gelehrten Exegeten voraus hatten, sind hier sehr gut aufgezählt.

möge deren er auf eine mit seinem heiligen Wesen übereinstimmende
Weise das Heil der sündigen Menschheit beschafft; sie kann nur
an Christo erkannt und gelernt werden, durch den sie offenbar
geworden ist. Bezeugt aber ist sie von dem Alten Testamente,
dessen Kern das Bekenntnis ist: Jahve — unsere Gerechtigkeit
(Jerem. 23, 6; 33, 16).[34]) Die Offenbarung der Gerechtigkeit
Gottes in der jetzigen Heilszeit hat den Zweck, beides zu zeigen,
daß Gott gerecht ist und rechtfertigt. Verbindet man V. 26 mit
V. 21, so erhält man den Satz: $\vartheta εòς \ πεφανέρωται \sim δίκαιος$
$καὶ \ δικαιῶν \ (τὸν \ ἐκ \ πίστεως \ ’Ιησοῦ).$ Gott ist durch Christum
geoffenbart worden — die Personen sind als Gen. subjectivi
Träger der Handlung —, und zwar Gottes Gerechtigkeit durch
den Glauben Jesu Christi. Da das Gesetz unvermögend war,
Gerechtigkeit zu wirken, hat Gott $χωρὶς \ νόμου$ einen neuen und
doch alten, von der Verheißung im voraus bezeugten Weg des
Heils in Christo beschritten. Diese neue Offenbarung durch
Christum liegt als in der Gegenwart vollendet da und erstreckt
ihre Wirkung $εἰς \ πάντας \ τοὺς \ πιστεύοντας.$ Anders als in 1, 17
($εἰς \ πίστιν$) ist hier das Ziel der durch Christum geschehenen Offen=
barung Gottes persönlich bezeichnet; um so überflüssiger und un=
geschickter wäre die vorausgreifende sachliche Bezeichnung „durch
Glauben an Jesum Christum", da doch dieser Glaube die erst
nachher erwähnten Personen voraussetzen würde! Und wie störend
wäre der Gedanke in dem ganzen Abschnitte, der Gottes heil=
wirkende Offenbarung als durch Christum vollendet darstellt!
Kann hier wirklich Christus nur als Objekt des Glaubens in Be=
tracht kommen? Man behauptet zwar vielfach (so auch Fricke
a. a. O. S. 32), daß beide Vermittelungen vom Apostel betont
seien: die subjektive durch den Glauben und die objektive durch
Jesum Christum. Fricke meint S. 34, daß zwei gleichgewichtige
Momente in größter Prägnanz zu einem Begriffe zusammenge=
drängt seien. Aber wie sollte diese Behauptung sprachlich begründet
werden können? Wenn ein Substantivum mit einem Genetiv
verbunden ist, so kann immer nur das eine oder der andere be=

[34]) Michelsen erinnert a. a. O. an Stellen wie Jes. 62, 1; 1, 27; 46, 13;
45, 24; 51, 5. 6. 8; 56, 1, besonders 53, 11: Und durch sein Erkenntnis wird
er, mein Knecht, der Gerechte, viele gerecht machen.

tont sein, und zwar liegt es in der Natur der Sache, daß beim
objektiven Genetiv das regierende Nomen, das der Träger einer
Beziehung ist, beim subjektiven Genetiv die Person, der eine Sache
eignet, den Nachdruck hat. Man hat also nur die Wahl, entweder
tautologisch zweimal den Glauben betont zu sehen (durch G l a u b e n
an J e s u m C h r i s t u m — auf alle G l ä u b i g e n) oder den Genetiv
als subiectivus zu fassen, so daß der Ton auf Jesus Christus
liegt, durch dessen Glauben die Gerechtigkeit Gottes offenbar ge=
worden ist. Inwiefern πίστις Ἰησοῦ Χριστοῦ zur Vermittelung
der Gerechtigkeits=Offenbarung Gottes gedient hat, kann hier noch
nicht vollständig gezeigt werden; ich verweise auf den nächsten
Paragraphen, der vom Glauben Jesu handelt. Es genügt vor=
läufig die Aussage, daß thatsächlich Gottes Gerechtigkeit durch den
Glauben Jesu Christi offenbar geworden ist, sofern das ganze
Erlösungswerk des Heilandes, die Erweisung seines Gehorsams
bis zum Kreuzestode in den Ausdruck πίστις zusammengefaßt
erscheint.

In den Worten εἰς πάντας τοὺς πιστεύοντας, welche das Ziel
der Offenbarung bezeichnen, sind zwei Bestimmungen enthalten.
Es ist erstens die Universalität des Heiles ausgesagt und zweitens
als einzige Bedingung der Anteilnahme der Glaube genannt. Wie
das Mittel, so das Ziel. Gott, der nicht nur der Juden, sondern
auch der Heiden Gott ist (3, 29), hat ohne Zuthun des Gesetzes
sich in Christo für alle offenbart. Und wie zur Offenbarung der
Gerechtigkeit Gottes Jesu Christi heilsvermittelnder Glaube not=
wendig war, so hat es diese Offenbarung auch auf heilsaneignenden
Glauben abgesehen, den sie bei allen wirken will. Auf diesen
Glauben beziehen sich die Verse 27—31, nachdem die Verse
23—26 die in πάντας ausgesagte Universalität des Heiles nach
drei Seiten hin näher beleuchtet haben.

Die Allgemeinheit des Heils entspricht erstens dem allge=
meinen Bedürfnis der sündig gewordenen und der Herrlichkeit
Gottes ermangelnden Menschheit; sie äußert sich zweitens in dem
geschenkweisen (und darum universalen) Empfang der Gerechtig=
keit aus der Gnadenhand Gottes mittelst der in Christo Jesu vor=
handenen Befreiung aus der Schuldhaft; sie ist drittens aufs
tiefste begründet in dem genugsamen Opfer des Kreuzestodes

Christi, dessen universale Wirkung nicht nur in der Heilszeit der Gegenwart hervortritt, sondern der auch mit rückwirkender Kraft die Langmut Gottes in der Vergangenheit rechtfertigt. Christus, den Gott als Sühner darstellte, war dies durch Glauben in seinem Blute, um in doppelter Beziehung die heilschaffende Ge= rechtigkeit des heiligen Gottes zu erweisen. Die zwei parallelen, mit εἰς ἔνδειξιν und πρὸς ἔνδειξιν beginnenden Zweckbestimmungen schließen sich nicht an den ersten Teil des Relativsatzes προέϑετο ὁ ϑεός, sondern an den zweiten: ἱλαστήριον διὰ πίστεως ἐν τῷ αὐτοῦ αἵματι an; nur so erklärt sich sowohl der Mangel des Reflexivums und der Hinzutritt des nachgesetzten αὐτοῦ bei dem zweimaligen τῆς δικαιοσύνης als auch die Wiederholung von τοῦ ϑεοῦ nach ἀνοχῇ. Christus hat in freiwilligem Gehorsam sein eigenes Blut vergossen, um zu zeigen, daß Gott gerecht war, wenn er die Sünden, die zuvor geschehen sind in der Zeit der Geduld Gottes (vgl. 2, 4), übersehen hat: Christi sühnendes Todes= leiden offenbart die Berechtigung der göttlichen πάρεσις der Sünden während der Vergangenheit und der göttlichen ἄφεσις der Sünden (vgl. 4, 7) in der Jetztzeit des Heiles. Stärker als hier kann die objektive und universale Wirkung des in der Mitte der Zeiten geschehenen Todes Christi nicht betont werden. Er be= gründet den Aufschub des Gerichtstages, der ἡμέρα ὀργῆς (2, 5), in der alten Welt und ermöglicht, was noch mehr ist, die Ver= gebung der Sünden in der Gegenwart, die freilich der subjektiven Vermittelung durch πίστις bedarf. Der Artikel bei der Wieder= holung von ἔνδειξις (πρὸς τὴν ἔνδειξιν) deutet an, daß die Er= weisung der Gerechtigkeit Gottes, welche in der Jetztzeit erfolgt, als eine völlig bestimmte und den Begriff abschließende erscheint; Gottes heilwirkende Gerechtigkeit steht nun in vollem Einklang mit seinem heiligen Wesen; indem dieser Endzweck erreicht ist (εἰς τὸ εἶναι αὐτὸν δίκαιον καὶ δικαιοῦντα), ist die Erweisung der Gerechtigkeit Gottes vollendet. [35])

---

[35]) Nur wenn πρὸς τὴν ἔνδειξιν in paralleler Weise die mit εἰς ἔνδειξιν begonnene Zweckbezeichnung fortsetzt, entgeht die Periode dem Vorwurfe einer monströsen und unverständlichen Häufung von Präpositionalausdrücken. Der Wechsel der Präposition (vgl. auch Weiß, Römerbrief S. 184) erklärt sich um so leichter, als sich an den zweiten Ausdruck die Bestimmung εἰς τὸ εἶναι κτλ..

Mit den Worten τὸν ἐκ πίστεως 'Ιησοῦ, welche die Ausführung
über die Universalität des Heiles in Chrifto schließen, wendet sich
der Apostel zu der in Vers 27—31 erfolgenden Erörterung der
subjektiven Heilsaneignung d. h. zur Erklärung der Worte τοὺς
πιστεύοντας in Vers 22. In dem Abschnitte Vers 23—26 war
von der objektiven Herstellung des für alle bestimmten Heiles die
Rede; es ist bezeichnend genug, daß der Apostel den Übergang
zum subjektiven Glauben mit einer Wendung macht, die noch ein=
mal πίστις 'Ιησοῦ als objektives Rechtfertigungs=Prinzip scharf
hervorhebt. Der Ausdruck ὁ ἐκ πίστεως 'Ιησοῦ hat seinen geraden
Gegensatz in οἱ ἐκ νόμου 4, 14. Wie in 3, 21, stehen νόμος und
πίστις 'Ιησοῦ als verschiedene Prinzipien einander gegenüber, von
denen der einzelne ausgeht, um sich durch sie so oder so bestimmen
zu laffen. In 4, 14 sind mit οἱ ἐκ νόμου κληρονόμοι diejenigen
bezeichnet, welche „sich Gesetz das Mittel sein laffen, zu dem ver=
heißenen Besitztume zu gelangen" (v. Hofmann a. a. O. S. 144).
So ist mit ὁ ἐκ πίστεως 'Ιησοῦ nicht der gemeint, der „den Glauben
Jesu" hat, sondern derjenige, welcher in πίστις 'Ιησοῦ den ob=
jektiven Grund seiner eigenen Rechtfertigung erblickt, der also den
Heilsglauben des Mittlers, durch welchen χωρὶς νόμου die Ge=
rechtigkeit Gottes geoffenbart ist, als das von Gott geordnete
Mittel ansieht, gerecht zu werden. Der Ausdruck hat seine
Parallele in 4, 16: τῷ ἐκ πίστεως 'Αβραάμ. Von dem kann man
sagen, daß er aus Glauben ist, „der mit seinem ganzen Sein aus
Glauben heraus entsteht; bei dem sich der Glaube als Prinzip
und Wurzel der ganzen Existenz erweist".[36]) Die Formel be=
tont das Grundlegende und insofern Einzigartige, das dem Glauben
Abrahams „welcher ist unser aller Vater" 4, 16 und in noch ganz
anderer Weise dem Glauben Jesu innewohnt; aber auf diesem

anschließt, wie an den erften διὰ τὴν πάρεσιν κτλ. So verläuft der Satz
ganz harmonisch. Dies zeigt sich deutlich, wenn man ihn (von ὃν προέθετο
ὁ ϑεός an) in Absätzen laut vorliest. Der Brief wurde zunächst vorgelesen,
und die römischen Christen hörten ihn. Man prüfe einmal, ob man je beim
Hören der Worte zu einem solchen Verständnis der Verse 24—26 gelangen
kann, wie es z. B. Otto (Kommentar zum Römerbrief 1886 I S. 241) vorträgt.
    [36]) In diesem Sinne verwende ich Schlatters Worte (der Glaube im neuen
Testament) S. 344.

Glaubensgrunde erbaut sich dann des einzelnen Glaube; es gleicht dieser einem Zweige, den der Glaubensbaum hervortreibt. Oder wie der Apostel später in dem Bilde vom Ölbaum ausführt: der Gläubige trägt nicht die Wurzel, sondern die Wurzel ihn; darum hat er keinen Grund sich zu rühmen und zu überheben (11, 18).

Auch an unserer Stelle eröffnet der Apostel die Besprechung der subjektiven Heilsaneignung mit der Frage: Wo bleibt da das Rühmen? und gibt die Antwort: Es wurde ausgeschlossen. Der Blick auf das außer uns durch Christum erworbene Heil treibt zur Demut und schließt allen Selbstruhm aus. Die Richtigkeit der oben gegebenen Erklärung wird vollends bestätigt durch den Ausdruck νόμος πίστεως, der dem νόμος τῶν ἔργων gegenübersteht (V. 27). Das mosaische Gesetz ist eine Ordnung, Norm, ein νόμος, der Werke fordert; das neue Offenbarungs-Prinzip, πίστις Ἰησοῦ, ist auch eine Norm, aber eine solche, welche Glauben fordert. So sehr diese Norm allen Selbstruhm zerstört, so sehr verbürgt sie andrerseits die Bedeutung und Wirkung des von ihr geforderten Glaubens. Mit der zwingenden Kraft eines Schlusses (λογιζό-μεθα) ergibt sich aus dem Satze: „Gottes Gerechtigkeit ist durch Glauben Jesu Christi offenbar geworden für alle Glaubenden, abgesehen von Gesetz" die Folgerung: „gerechtfertigt wird durch Glauben der Mensch, abgesehen von Gesetzeswerken". Man sieht, wie die Begriffe einander entsprechen; es ist die Anwendung der objektiven, allgemeinen Norm auf den subjektiven, besonderen Fall. Gottes geoffenbarte Gerechtigkeit ist der Grund der Rechtfertigung des Menschen; dem heilsvermittelnden Glauben Jesu Christi ent-spricht der heilsaneignende Glaube des einzelnen; das universale „für alle" kehrt wieder in dem allgemeinen Wort „Mensch" (ob Jude oder Heide, es gilt für alle); die Ablehnung von νόμος als Offenbarungs-Prinzipes wird hier zur Ablehnung der Gesetzes-werke als Rechtfertigungs-Mittels. Gott ist e i n e r, der Juden und Heiden rechtfertigt; und e i n e s ist das Mittel, durch welches Beschneidung und Vorhaut gerechtfertigt werden: Glaube. Den Unterschied von ἐκ πίστεως und διὰ τῆς πίστεως erklärt Otto mit Recht durch den Hinweis auf die angestammten und die eingepfropften Zweige des Ölbaums 11, 17 ff.; bei den Juden war „πίστις seit

Abrahams Zeiten ein, so zu sagen, einheimisches Gewächs, den Heiden war sie dagegen erst durch die Predigt des Wortes zu übermitteln".[37]) Dafür wird den Heiden sofort ἡ πίστις mitgeteilt, d. h. der Glaube in seiner vollendeten Erscheinung, wie er der Offenbarung Gottes durch Christum entspricht. Mit nochmaliger Betonung der neuen „Ordnung", des νόμος der jetzigen Heilsökonomie schließt der Apostel. Die Beseitigung des mosaischen Gesetzes als Rechtfertigungs-Prinzipes öffnet durchaus nicht der Willkür und Ordnungslosigkeit Thür und Thor. „νόμον ἱστάνομεν" ruft der Apostel aus. Was ist diese „festgestellte Ordnung"? Er hat sie 1, 17 auf den kürzesten Ausdruck gebracht; sie lautet: ἐκ πίστεως εἰς πίστιν, aus Glauben (Jesu) zu Glauben (der Gemeinde). Ich komme sofort auf diese Stelle zu sprechen.

§ 9. Der Glaube Jesu Christi in der Darstellung des Römerbriefes.

Das Ergebnis der bisherigen Untersuchung würde feststehen, auch wenn sonst keine Stelle des Römerbriefes vom Glauben Jesu reden würde. Nun dient aber Kap. 1 V. 17 dem bisher Gefundenen zu erwünschtester Bestätigung. Die Verwandtschaft der Verse 1, 17 und 3, 22 ist anerkannt.[38]) Schon in dem Thema des Römerbriefes, wie man 1, 16 und 17 genannt hat, kommt das Glaubensgesetz, die Bewegung „von Glauben zu Glauben" zum Ausdruck, wie in 3, 22. Wir müssen die beiden Verse genauer ansehen und dann weiterhin aus dem Römerbrief alles zusammenstellen, was, wenn auch nicht dem Worte, so doch dem Inhalt nach sich auf den Glauben Jesu bezieht und sein Wesen erläutert.

---

[37]) Otto, Kommentar zum Römerbrief I 273.
[38]) Vgl. z. B. Godets Kommentar zu dem Brief an die Römer (deutsch von Wunderlich) I 1881 S. 163: „Die Ergänzung διὰ πίστεως Ἰησοῦ Χριστοῦ 3, 22 ist die Wiederholung und Entwickelung der ersten Ergänzung ἐκ πίστεως 1, 17 und das folgende: εἰς πάντας (καὶ ἐπὶ πάντας) τοὺς πιστεύοντας ist die Entwickelung der zweiten Ergänzung in demselben Verse 1, 17: εἰς πίστιν." Nur hält Godet in der herkömmlichen Weise den Gen. Ἰησοῦ Χριστοῦ für den objektiven Genetiv.

Der Vorsatz des Apostels, nach Rom zu kommen, dessen Ausführung außer ihm liegende Hindernisse bisher vereitelt haben,
ist, wie Kap. 1 B. 14 ausführt, darin begründet, daß er als der
Heidenapostel der ganzen Welt sich verpflichtet weiß. Mit der
Pflicht verbindet sich aber bei ihm die innere Bereitwilligkeit; er
thut gerne, was ihm zu thun befohlen ist. Woher stammt seine
Freudigkeit? Warum schämt er sich der Heilsbotschaft nicht, obwohl
sie, wie er wohl weiß, Juden und Griechen so viel Anstoß bietet?
Den Grund gibt B. 16 b an: „Kraft Gottes ist (das Evangelium)
zum Heile jedem Glaubenden, sowie dem Juden zuerst, so auch
dem Griechen.“³⁹) Einer so heilskräftigen Botschaft braucht sich
der Apostel freilich nicht zu schämen.

Der Satz betont nachdrücklich, daß das Evangelium die Kraft
hat, alle Menschen, die außerdem verloren wären, durch den
Glauben zu retten. Das Wort σωτηρία ist der Gegensatz zu dem
allgemeinen Verderben der sündigen Menschheit, welche der Zornes-
Offenbarung Gottes unterliegt 1, 18 ff. Alle brauchen Rettung,
und allen, die glauben, bringt das Evangelium Rettung, weil es
eine Kraft Gottes ist. Gott selbst ist der tiefste Grund der Kraft
des Evangeliums. Diesen Satz begründet der Apostel in B. 17;
in diesem Verse liegt daher der Nachdruck ebensosehr auf dem
Subjekte, δικαιοσύνη θεοῦ, wie in B. 16 auf der Angabe der
Wirkung, die von dem Evangelium ausgeht. Das Evangelium ist eine Kraft Gottes, weil Gottes Gerechtigkeit darin geoffenbaret (enthüllt) wird. Man sieht, wie der
Zusammenhang dazu nötigt, θεοῦ bei δικαιοσύνη ebenso wie bei
δύναμις als Gen. subjectivus zu nehmen. Jedenfalls ist dies die
einfachste Auffassung, zu der auch das Verbum ἀποκαλύπτεται am

---

³⁹) So übersetze ich mit C. Weizsäcker, das neue Testament (2. Aufl. 1882)
S. 294 — trotz Klostermann, Korrekturen S. 14 ff. Das Richtige in Klostermanns Ausführungen hat Weiß (Meyers Kommentar zum Römerbrief, 7. Aufl.)
S. 72 zur Geltung gebracht. Die in τε ∾ καί betonte Gleichmäßigkeit ist
wider den jüdischen Partikularismus gerichtet, aber nicht wider die Priorität
des jüdischen Volkes. Ich erinnere an die schon besprochene Ausführung des
Apostels 3, 30: Die περιτομή, die Nachkommenschaft Abrahams, wird ἐκ
πίστεως gerecht, die ἀκροβυστία διὰ τῆς πίστεως. In dem ἐκ πίστεως liegt
das πρῶτον begründet. Vgl. S. 36 und 37.

beften stimmt. Wie außerhalb des Evangeliums „Zorn Gottes"
B. 18 geoffenbaret wird, so in ihm „Gerechtigkeit Gottes". ἀπο-
καλύπτειν heißt etwas Verborgenes, ein μυστήριον enthüllen 16, 25.
In dem zunehmenden Sündenverderben, in den bis zum Un=
menschlichen sich steigernden Greueln der Heidenwelt enthüllt sich
(für die sehenden Augen des Apostels) das Zornesgericht Gottes
wider alle menschliche Gottlosigkeit und Ungerechtigkeit; dagegen
tritt im Evangelium die heilschaffende Gerechtigkeit Gottes aus
der Verborgenheit des göttlichen Ratschluffes ins Licht der Er=
füllung hervor — ἐκ πίστεως εἰς πίστιν.

Es ist bekannt, wie viel Schwierigkeiten die Worte ἐκ πίστεως der herkömmlichen Auslegung bereiten. Man hat sie aus
Verlegenheit auf δικαιοσύνη θεοῦ (im Sinne von „Gerechtigkeit,
die vor Gott gilt") beziehen wollen; aber dagegen streitet, wie
v. Hofmann (Römerbrief 1868 S. 23) mit Recht betont, die Wort=
folge. Die Worte ἐκ πίστεως „benennen — fährt v. Hofmann
fort — Glauben als das Vorausgehende, in dessen Gefolge die
Offenbarung geschieht, und εἰς πίστιν wiederum Glauben als das
Nachfolgende, auf das es mit ihr abgesehen ist." Gewiß; aber
wenn man diese Worte im herkömmlichen Sinne versteht, so dreht
sich die Auslegung im Kreise herum. Es ist eine unmögliche Vor=
stellung, daß Glaube, welcher Wirkung der Offenbarung ist (εἰς
πίστιν), in demselben Subjekte zugleich Voraussetzung der Offen=
barung sein soll (ἐκ πίστεως). Denn wenn Glaube schon vorher
da ist, braucht er durch die Offenbarung nicht mehr erst gewirkt
zu werden; und umgekehrt: wenn es Aufgabe der Offenbarung
ist, Glauben zu wirken, so kann er nicht vorher schon da sein.
Die Gleichheit des Ausdruckes verbietet, an verschiedene Glaubens=
stufen derselben Person zu denken oder gar die Worte ἐκ πίστεως
zur Glaubensempfänglichkeit herabzudrücken. Überdies — was
fordert der Zusammenhang? Es soll mit dem Satze bewiesen
werden, daß das Evangelium eine Kraft Gottes ist; wenn aber
die im Evangelium sich offenbarende Gerechtigkeit Gottes von dem
vorausgehenden Glauben der Menschen abhängt, wo bleibt dann
Gottes wirkende Kraft? Ihre Wirkung ist beides: ἐκ πίστεως
und εἰς πίστιν. Der letztere Ausdruck ist klar. Glaube ist das
Ziel der Offenbarung; nur dem gläubigen Auge enthüllt sich das

Geheimnis der Gerechtigkeit Gottes. Indem die Offenbarung Glauben ſchafft, ſtellt ſie die Bedingung her, an welche nach V. 16 das Heil geknüpft iſt. Auch in dieſer Beziehung begründet der V. 17 den vorhergehenden. Aber dann können die Worte ἐκ πίστεως nicht von derſelben Perſon gelten, in welcher das Evangelium Glauben wirkt; ſie müſſen in engem Zuſammenhang mit ἀποκαλύπτεται von einer anderen Perſon ausgeſagt ſein, von der aus der Strom der Offenbarung ſich auf die Gläubigen ergießt.

Man iſt in einem Satze, der das Thema des Römerbriefes angibt, berechtigt, die Frage zu erheben: Wo iſt Chriſtus? Be= zeichnet doch der Apoſtel die Botſchaft von „Chriſto Jeſu, unſerem Kyrios“ 1, 4 als den Inhalt des Evangeliums Gottes. Wo iſt Chriſtus? Die herrſchende Auslegung findet ihn nur verſteckt und indirekt angedeutet, ſofern der Glaube, den die Heilsoffen= barung wirkt, auf Chriſtum ſich bezieht. Uns gibt der ganze Gang der Unterſuchung das Recht, in den Worten ἐκ πίστεως den heilsvermittelnden Glauben Jeſu ausgedrückt zu finden; der Glaube Jeſu iſt in der That „das Vorausgehende, in deſſen Ge= folge die nun im Lauf gehende Offenbarung geſchieht“ (v. Hofmann). Und nicht Jeſu Glaube allein, ſondern er ſelbſt, der Heils= mittler, iſt genannt in dem prophetiſchen Worte, das der Apoſtel als direkte Weiſſagung auf den Meſſias anführt: „Der Gerechte aber — aus Glauben wird er leben“ (Habak. 2, 4).

Nur mit Widerſtreben trennt man ſich von Luthers Erklärung des Prophetenwortes, von der Segensſtröme auf die Chriſtenheit ausgegangen ſind. Aber der Quell dieſes Segens bleibt unver= ſchüttet, auch wenn der Apoſtel das Wort auf Chriſtum angewendet hat, das Luther lediglich vom gerechtfertigten Chriſten verſtand. Ich ſage mit Michelſen: „Die bibliſche und kirchliche Lehre von der Rechtfertigung des Sünders vor Gott aus Gnaden allein durch den Glauben, dieſer articulus stantis et cadentis ecclesiae, ſteht feſt genug; ſie bedarf nicht der künſtlichen Stützen durch eine dogmatiſch beeinflußte Exegeſe.“ Was Michelſen mit Beziehung auf 3, 22 ſchrieb,[40]) das erſtrecke ich auch auf 1, 17. Ich hoffe,

---

[40]) Vgl. Zeitſchrift für kirchliche Wiſſenſchaft und kirchliches Leben 1884 S. 134.

daß das Verständnis des Verses, wie es sich aus dem Bisherigen
ergibt, sogar zur tieferen Begründung der Rechtfertigungslehre
dienen wird. Luthers Glaube erweist sich als der Glaube des
Apostels Paulus, auch wenn Luthers Exegese an einzelnen Stellen
verbessert werden kann. Seine „Vorrede" zum Römerbrief nimmt,
wie Luthardt mit Recht betont,[41]) unter allen Würdigungen des
Briefes die erste Stelle ein. Aber jede Zeit hat ihre besondere
Aufgabe und ihre besondere Gabe dazu. Luther hat uns vom
Gesetzeszwange Roms befreit und zu der in Christo begründeten
Freiheit des Christenmenschen geführt; das that er in Kraft des
Wortes Gottes, wie es Paulus im Kampfe mit den judaistischen
Richtungen seiner Zeit bezeugt hat. In unseren Tagen versenkt
man sich in das Geheimnis der menschlichen Entwickelung unseres
von Gott gekommenen Heilandes; auch hier zeigt des Apostels
Paulus Lehre vom zweiten Adam den Weg. Vom Glauben
Jesu zu reden, wie Paulus von ihm geredet hat, dazu sind erst
in unserer Zeit wieder die Voraussetzungen vorhanden. Der
Versuch, „Blicke" zu werfen „in das Seelenleben Jesu", hat die
Theologen des 16. Jahrhunderts nicht beschäftigt; und hätten sie
sich an eine solche Aufgabe gemacht, so wären sie von ihren Zeit=
genossen nicht verstanden worden. Heute gehört ein solcher Versuch
zu den Lieblingsarbeiten der Theologen; sie wissen, daß sie damit
einem weitverbreiteten Bedürfnisse entgegenkommen.[42])

---

[41]) Kurzgefaßter Kommentar von Strack=Zöckler, Neues Testament, dritte
Abteilung (1888) S. 297.

[42]) Vgl. Leuschners „Blicke in das Seelenleben Jesu" in Beyschlags protest.
Blättern, Dez. 1889. Ein Buch zu schreiben über „das Selbstbewußtsein Jesu",
wie es Grau gethan hat (Nördlingen 1887), gehört zu den Aufgaben der
heutigen Theologie. Dabei versteht es sich von selbst, daß sich auch schon in
früheren Zeiten Ansätze zur Lehre vom „Glauben Jesu" finden. Es verlohnte
sich der Mühe, alle die an eine solche Betrachtungsweise anklingenden Stimmen
zu sammeln — bis herab zu dem in der Kerkerluft des Hohentwiel entstandenen
Gebetsliede des Generalmajors Philipp Friedrich Rieger (1723—82): Gläubiger
Jesu, auf Vertrauen Wollt'st du dein Reich alleine bauen, Das dir der Vater
zugesagt. Von außen, innen ganz beraubet, Hast du doch stille fortgeglaubet
Und bliebst im Zagen unverzagt. Herr, ich vertraue dir; Nur bitt' ich: schenke
mir Deinen Glauben. Jesu, Jesu, hilf mir dazu, Daß ich so gläubig sei, wie
du. (Württembergisches Gesangbuch, Stuttg. 1848 Nr. 123). — „Daß selbst
das Gottesbewußtsein Christi ein Glauben war (schreibt Franz Fauth, die

Ich versuche, alle die Gründe zusammenzustellen, welche dafür sprechen, daß der Apostel die Habakuk-Stelle messianisch gefaßt hat. — Zunächst sind wir durch den Zusammenhang des V. 17 mit dem vorhergehenden zu dem neuen Verständnis des Citates gekommen. Dieser Gesichtspunkt ist sehr zu betonen. Der Nach=druck liegt in V. 17 auf der Offenbarung der Gerechtigkeit Gottes im Evangelium, sofern diese Offenbarung es ist, welche die in V. 16 hervorgehobene kräftige Wirkung der Heilsbotschaft begründet. Die Wirkung ist an die Bedingung des Glaubens geknüpft (V. 16); darum ist auch V. 17 als Ziel, worauf es die Offenbarung abge=sehen hat, „Glaube" genannt (εἰς πίστιν). Aber der Nachdruck des begründenden Satzes liegt nicht in der (wiederholten) Angabe des Zieles; in engerer Verbindung mit ἀποκαλύπτεται steht ἐκ πίστεως — die Angabe der Quelle, von der aus die Offenbarung strömt. In der Aussage, daß im Evangelium Gottes Gerechtigkeit sich offenbart „von Glauben aus", besteht der Fortschritt des Ge=dankens. Dann folgt aber von selbst, daß das begründende Schriftwort, zu dem der Apostel mit den Worten „wie geschrieben stehet" übergeht, nicht einen Beleg für das Glaubensziel bringt, sondern die Aussage beweist, daß Glauben es ist, von dem aus die Gerechtigkeits=Offenbarung Gottes erfolgt. Sie ist einmal er=folgt durch den Glauben Jesu Christi (3, 22) und erfolgt stetig in dem Evangelium, das sein im Glauben vollbrachtes Heilswerk verkündigt (1, 17).

Wie der Zusammenhang der Stelle für unsere Auffassung spricht, so auch der Wortlaut des Citates aus dem Propheten Habakuk.[48]) Diese Anführung beweist nicht, was sie nach der herkömmlichen Deutung beweisen soll: sie bringt aber einen voll=

---

wichtigsten Schulfragen auf dem Boden der Psychologie, Gütersloh 1878, S. 148 Anm.), steht uns fest. Aber wie spricht er von seinem Glauben! Und was war das für ein Glaube! Ein Glaube, der sich von dem Schauen nur psychologisch unterscheidet."

[48]) Da es nur auf die Auffassung des Apostels Paulus, der die Stelle abweichend von der Septuaginta anführt, und nicht auf das Verständnis des Prophetenwortes an sich ankommt, so kann hier die Frage auf sich beruhen, wie die Stelle im Zusammenhang der prophetischen Rede zu deuten ist. Ein ähnliches Beispiel messianischer Deutung eines frei angeführten Prophetenwortes liefern die Stellen 9, 33 und 10, 11 in Bezug auf Jes. 8, 14 und 28, 16.

kommen zutreffenden Beweis für das bisher aus dem Zuſammen=
hang gewonnene Verſtändnis des V. 17. Beide Punkte ſind
näher zu erörtern.

Nach der gewöhnlichen Auffaſſung ſoll der apoſtoliſche Satz,
daß die Offenbarung der Gerechtigkeit Gottes auf Glauben ab=
ziele, in ſeinem Einklang mit der altteſtamentlichen Schrift nach=
gewieſen werden; den Worten „εἰς πίστιν" (ſo ſagt man) gelte
der Beweis. Wie müßte dann aber das beweiſende Schriftwort
lauten? Ich ſehe nur zwei Möglichkeiten, die aber beide an dem
klaren Wortlaut der Stelle ſcheitern. Es müßte (das iſt die eine
Möglichkeit) geſchrieben ſtehen: ὁ πιστεύων ζήσεται — und in der
That geben ſich ſeit Beza viele Ausleger die erdenklichſte Mühe,
den Glaubensbegriff in das Subjekt hineinzuzwängen und die
unmögliche Konſtruktion zu befürworten: ὁ δίκαιος ἐκ πίστεως
d. h. der infolge Glaubens Gerechte wird leben. Hätte der
Apoſtel dies Verſtändnis der Stelle erzielen wollen, ſo hätte er
ſchreiben müſſen: ὁ ἐκ πίστεως δίκαιος, wie er 10, 6 von ἡ ἐκ
πίστεως δικαιοσύνη redet. Da der Ausdruck ἐκ πίστεως offen=
kundig, wie in der Habakuk=Stelle ſelbſt, ſo auch in des Apoſtels
Anführung zu dem Verbum ζήσεται gehört, ſo wäre die herkömm=
liche Deutung, um ſich behaupten zu können, genötigt, das Sub=
jekt des Citates zu ändern. Der Glaube, den das Evangelium
erzielen will, macht aus Sündern Gerechte und verſchafft Ge=
rechtigkeit und Leben den ungerechten Menſchen, die unter das
verdammende Urteil 3, 10 fallen (οὐκ ἔστιν δίκαιος οὐδὲ εἷς).
Wenn alſo das Citat lauten würde: ὁ δὲ ἄδικος (oder ὁ ἀσεβής)
ἐκ πίστεως ζήσεται, dann würde es beweiſen, was es nach der
üblichen Auffaſſung beweiſen ſoll. Was wir 4, 5 leſen: „Dem=
jenigen, welcher glaubt an den, der den Gottloſen gerecht macht,
wird ſein Glaube gerechnet zur Gerechtigkeit", das wäre dann auch
der Inhalt des Citates; nur ſchade, daß das Prophetenwort nicht
von ὁ ἀσεβής, ſondern von ὁ δίκαιος redet!
Wie ſteht indes die Sache, wenn wir die Weisſagung meſſi=
aniſch deuten und unter „dem Gerechten" Chriſtum verſtehen?

---

⁴⁴) Wenn ſtatt „εἰς πίστιν" daſtände: „εἰς σωτηρίαν", wäre die Er=
klärung von Weiß (a. a. O. S. 76) richtig, „das Citat zeige, daß das Evan=
gelium eine Gotteskraft iſt, welche Errettung erzielt."

Wird dann bewiesen, was dem Zusammenhang nach des Be=
weises bedarf, daß nämlich Gerechtigkeit Gottes im Evan=
gelium geoffenbart wird, und daß diese Offenbarung aus Glauben
heraus erfolgt? Die Frage ist leicht zu beantworten. Wenn der
von Gott gesandte Messias, der Sohn Gottes, der „Gerechte“,
der Inhalt des Evangeliums ist, dann offenbart sich natürlich in
letzterem die „Gerechtigkeit“ Gottes. Und wenn es von diesem
„Gerechten“ gilt, daß er „aus Glauben leben wird“, so ist auch
bewiesen, daß „Glaube“ das Offenbarungswerk vermittelt hat;
woraus sich dann von selbst ergibt, daß die Offenbarung auch auf
Glauben abzielt. Denn wenn es zur Herstellung der Offen=
barung heilsvermittelnden Glaubens bedurfte, um wie viel mehr
ist dann die Heilsaneignung vom Glauben abhängig. So wird
im Evangelium Gerechtigkeit Gottes geoffenbart „von Glauben zu
Glauben“.

Der letzte Zweifel an der Notwendigkeit, die Stelle 1, 17
messianisch zu fassen, wird schwinden, wenn diese Fassung sich als
eine dem Gesichtskreis der Leser des Römerbriefes naheliegende
erweist. Nun war aber die Bezeichnung Christi als des Ge=
rechten ein Gemeingut der apostolischen Verkündigung; sie wird
auch in der Predigt nicht gefehlt haben, welche den Gliedern der
römischen Gemeinde zuerst den Glauben vermittelte. Wie Stephanus
seine Richter „Verräter und Mörder des Gerechten“ genannt hat,
„dessen Zukunft die Propheten verkündigt haben“ (Acta 7, 52),
so ruft Petrus dem über die Heilung des Lahmen verwunderten
Volke zu: „Den Heiligen und Gerechten habt ihr verleugnet“
(Acta 3, 14) und weist es auf den „Fürsten des Lebens“ hin.
Mit dem mündlichen Zeugnis stimmt die schriftliche Verkündigung
überein. „Christus ist einmal gestorben um der Sünden willen,
der Gerechte für die Ungerechten“ schreibt Petrus (1. Petr. 3, 18);
und Johannes erinnert den bußfertigen Sünder daran, daß „wir
einen Fürsprecher beim Vater haben, Jesum Christum, den Ge=
rechten“ (1. Joh. 2, 1). Dem Paulus selbst aber war in einer
bedeutungsvollen Stunde seines Lebens Jesus als der „Gerechte“
verkündigt worden; Ananias bezeugte ihm, daß ihn Gott verordnet
habe, den Gerechten zu sehen (Acta 22, 14). Ananias wandte
damit eine Bezeichnung auf Jesus an, welche die alttestamentliche

Weissagung von dem kommenden Messias gebraucht hatte.[45]) Namentlich in Jes. 53 erscheint der Knecht Jahves als der Gerechte, welcher um der Sünden des Volkes willen getötet, aber von Gott aus dem Tode zu Macht und Sieg erhoben wird. In diesem Sinne verstand Paulus das Weissagungswort des Propheten Habakuk. Auch seine Leser konnten ihn verstehen, wenn er darin den ganzen Lebensgang des Messias angedeutet fand, der, von Gott gekommen, im Glauben um der Sünden willen das Widerspiel des Loses ertragen hat, das an sich den Gerechten treffen sollte, der aber dann aus Leiden und Tod zu einem Leben ewiger Herrschaft erhöht worden ist. Das Thema des paulinischen Evangeliums von „Christus Jesus, unserm Kyrios" kehrt am Schlusse der Einleitung des Römerbriefes, beim Übergang zum ersten Hauptteile, wieder[46]).

Wir wenden uns zur Ausführung dieses Themas im Römerbrief, um die weiteren Spuren des Glaubens Jesu zu entdecken, und richten dabei den Blick auf den dreifachen Gegensatz, dem gegenüber sich Christus als der Gerechte ($\acute{o}$ $\delta\iota\varkappa\alpha\iota o\varsigma$), als der Glaubende ($\grave{\varepsilon}\varkappa$ $\pi\iota\sigma\tau\varepsilon\omega\varsigma$) und als der Lebendige ($\zeta\acute{\eta}\sigma\varepsilon\tau\alpha\iota$) innerhalb der Menschheit bethätigt hat und bethätigt, die zu erlösen er von Gott gekommen ist.

---

[45]) Vgl. Stellen wie Jerem. 23, 5 ff.; Jes. 42, 6; 45, 13 u. s. w. Indem der Messias, der Gerechte, kommt, erfüllt sich die Verheißung, daß „Jahve unsere Gerechtigkeit ist"; vgl. S. 32.

[46]) Man beachte, daß $\acute{o}$ $\delta\iota\varkappa\alpha\iota o\varsigma$ eine alttestamentliche Bezeichnung des Messias, $\zeta\acute{\eta}\sigma\varepsilon\tau\alpha\iota$ aber der auch schon in der Weissagung (z. B. Jes. 53, 8. 10 oder Psalm 16, 8—11, vgl. Acta 2, 31) geprägte Ausdruck für die Erhöhung des Knechtes Jahves ist. Wenn nun beide Aussagen mit einander durch $\grave{\varepsilon}\varkappa$ $\pi\iota\sigma\tau\varepsilon\omega\varsigma$ verbunden sind, so wird in dem einen Wort „Glaube", wie 3, 22 und 25, Jesu ganzes Heilwerk zusammengefaßt, und sein Glaubensgehorsam wird (wie Phil. 2, 8. 9) als Ursache seiner Erhöhung bezeichnet. — So nahe der Schluß liegt, daß Paulus auch in der Stelle Gal. 3, 11 das Citat aus Habakuk messianisch verstanden hat, so ist doch die Untersuchung dieser Frage, sowie der Stelle Hebr. 10, 38 ($\acute{o}$ $\delta\grave{\varepsilon}$ $\delta\iota\varkappa\alpha\iota\acute{o}\varsigma$ $\mu o\upsilon$ — mein Gerechter!) und das Ergebnis dieser Untersuchung für die Erklärung von Röm. 1, 17 von untergeordneter Bedeutung; es liegt daher diese Frage außerhalb des Bereiches der zunächst gestellten Aufgabe. Es gilt, den Römerbrief aus sich selbst, nur mit Beiziehung der auch den ersten Lesern zugänglichen Voraussetzungen, zu erklären.

Im erften Hauptteil kommt der große Gegenfatz zwifchen Chriftus und der fündigen Menfchheit zur Ausfage. Nur der Gerechte hat uns helfen und die Gerechtigkeit Gottes offenbaren können. „Denn Gottes Zorn wird geoffenbart vom Himmel her über alle Gottlofigkeit und Ungerechtigkeit der Menfchen, welche die Wahrheit in Ungerechtigkeit niederhalten" (1, 18). Auf Erden lebt, wie der Apoftel ausführt, ein Gefchlecht von gottvergeffenen, entarteten Sündern, die der Väter schuldvolles Erbe durch ge= fteigerte Lafter vermehren; die mit und ohne Gefetz, Juden und Griechen, wider befferes Wiffen und Gewiffen fündigen; die dem vernichtenden Zornesgerichte Gottes verfallen find. Der Gegenfatz erreicht feine höchfte Stufe in dem Nachweis, daß alle, Juden wie Griechen, unter der Sünde find, und daß kein Gerechter da ift, auch nicht einer (3, 10). Wenn Gerechtigkeit auf Erden fich finden follte, mußte fie von Gott kommen. „Nun aber ift abge= fehen von Gefetz Gottes Gerechtigkeit offenbar geworden durch den Glauben Jesu Chrifti für alle, die da glauben" (3, 21. 22).

Der Gegenfatz zwifchen Chriftus und der Sünde zieht fich fernerhin durch den ganzen Brief. In mannigfacher Weife, mit wiederholtem Hinweis auf die fich daraus ergebenden Folgen für den Chriften, kehrt der Gedanke wieder, daß Chriftus um unferer Sünden willen in den Tod gegeben wurde (4, 25), daß nun aber die bisherige Herrfchaft der Sünde über die Menfchheit (5, 21) durch den Tod Chrifti, der ein für allemal der Sünde ftarb (6, 10), für immer gebrochen ift (vgl. 8, 3).[47]) Aber mit dem einen Gegenfatz verbindet fich ein anderer, der dann in den Vorder= grund der Betrachtung tritt, wenn es gilt, die Art der heilsver= mittelnden Leiftung Chrifti und die Weife ihrer Aneignung näher zu beftimmen. Schon beim Nachweis der menfchlichen Sünde war viel vom Gefetz die Rede; der Gefetzesbefitz der Juden wurde ver= glichen mit der Gefetzlofigkeit der Heiden und dabei gezeigt, daß jener nicht rechtfertigt, und daß diefe nicht entfchuldigt. Von da an aber, wo der Blick auf das Glaubenswerk Jesu gerichtet wird

---

47) Vgl. die Zufammenftellung und Befprechung aller der Stellen des Römerbriefes, die vom Tode Chrifti handeln, in v. Hofmanns Schriftbeweis (zweite Aufl. 1859) II 1 S. 336—356.

(3, 21—26), dessen Frucht nur im Glauben angeeignet werden kann, (3, 27—31), erscheint das Gesetz im Gegensatz zur Gnade, zum Glauben, zu Christus. Erwerb und Aneignung des Heils geschah und geschieht χωρὶς νόμου und χωρὶς ἔργων νόμου (3, 21. 28).

Wenn es richtig ist, daß die Gerechtigkeit Gottes durch den Glauben Jesu Christi, d. h. durch den Glauben des Gerechten offenbar geworden ist, dann trifft die Lehrweise nicht den Kern der paulinischen Verkündigung, nach welcher der Schwerpunkt des Werkes Christi in die gesetzliche Erfüllung des Gesetzes gelegt wird.[48] Christus hat ja wirklich das Gesetz erfüllt, aber nicht unter dem Drucke des fordernden Buchstabens, sondern im Geiste des Glaubens und der Liebe. Der Gerechte ist geschieden von der Sünde; darum ist er aber auch frei vom Gesetz. Das Gesetz ist nicht da für den Gerechten, sondern für die Sünder (vgl. 1. Tim. 1, 9). Der Apostel sagt ausdrücklich, daß durch das Gesetz Er= kenntnis der Sünde kommt (3, 20), und daß es zwischen einge= kommen sei, damit die Übertretung voll werde (5, 20). Insofern wirkt das Gesetz heilsvorbereitend, indem es die Sünde steigert und zur Erkenntnis der Sünde verhilft. Aber der Kreuzestod Christi steht nicht unter dem Zeichen des Gesetzes, sondern unter dem Zeichen des Glaubens, und er darf nicht vom Gesetz aus (als gesetzliche Leistung), sondern er muß vom Glauben aus ·(als Glaubenswerk) beurteilt werden. Christus ist in jedem Betracht des Gesetzes Ende (10, 4).[49]

Der Gegensatz zwischen Gesetz und Glaube gelangt in dem Abschnitte über Abraham, den Vater aller Gläubigen (4, 1 ff.), zu eingehender Darstellung. An dem Beispiele Abrahams erörtert

---

[48] So sagt z. B. Paul Speratus in seinem bekannten, herrlichen Glaubens= liede ganz richtig vom Gesetz: „So ist es nur ein Spiegel zart, Der uns zeigt an die sündig Art, In unserm Fleisch verborgen," faßt aber dann Christi Werk in die Worte zusammen: „Das ganz Gesetz hat er erfüllt, Damit seins Vaters Zorn gestillt, Der über uns ging alle." Die Erfüllung des Gesetzes ist hier als gesetzliche Leistung gedacht.

[49] Christus ist, wie der Sünde (6, 10), so dem Gesetz gestorben; nicht aber war sein Tod eine gesetzliche Leistung. In genauer Anwendung dieses Ver= hältnisses auf die Christen sagt der Apostel beides: νεκροὺς τῇ ἁμαρτίᾳ (6, 11) und ἐθανατώθητε τῷ νόμῳ διὰ τοῦ σώματος τοῦ Χριστοῦ (7, 4).

der Apostel im Gegensatz zur Werkgerechtigkeit das Wesen des
rechtfertigenden, heilsaneignenden Glaubens, um ihn vor der Ver=
mengung mit gesetzlicher Gerechtigkeit zu schützen, welche Juden=
christen so nahe lag. Aus der Aufgabe des Römerbriefes, ein
vorläufiges Verhältnis herzustellen zwischen dem Heidenapostel
und der ihm persönlich noch unbekannten Gemeinde der Welt=
hauptstadt, erklärt es sich, warum die Lehrdarstellung vorzugs=
weise das subjektive Gebiet der Heilsaneignung und des christlichen
Lebens behandelt, während die objektiven Thatsachen des Heils
nicht so eingehend dargelegt sind, sondern meist nur kurz an=
gegeben, im übrigen aber vorausgesetzt werden. So ist kein Ab=
schnitt vorhanden, der in gleicher Ausführlichkeit vom Glauben
Jesu redete, wie hier vom Glauben Abrahams und von dem recht=
fertigenden Glauben überhaupt gehandelt ist. Und doch besteht
zwischen dem Glauben Jesu und dem Glauben Abrahams bei aller
Verschiedenheit so viel Ähnlichkeit, daß der in Rede stehende Ab=
schnitt geeignet ist, auch das Wesen des Glaubens Jesu näher zu
bestimmen. Abraham glaubte als ein Ungerechter an den, welcher
den Gottlosen rechtfertigt; Jesus glaubte als der Gerechte. Das
ist ein großer Unterschied. Aber wenn es weiter heißt: „Die Ver=
heißung, die Abraham oder sein Same empfing, daß er die Welt
zum Erbe haben sollte, ist nicht durch das Gesetz vermittelt, sondern
durch die Gerechtigkeit des Glaubens“ (4, 13), so finden die beiden
Bestimmungen, daß der Glaube sich an die Verheißung hält,
und daß hierdurch, nicht aber durch Gesetz die Erfüllung der Ver=
heißung vermittelt ist, in übertragenem Sinn auch auf Jesus An=
wendung. Ich möchte diese Behauptung mit ein paar Worten
ausführen.

Jesus ist durch seinen Glauben des Gesetzes Ende geworden,
weil er, obwohl ein Glied des jüdischen Volkes und in dessen
Ordnungen lebend, doch sein Verhältnis zu Gott, seinem Vater,
nicht durch das Gesetz vermitteln sein ließ. Nicht die Forderungen
des Gesetzes zu erfüllen, sondern den Willen des Vaters im Himmel
zu thun, nannte er seine Speise (Joh. 4, 34). Der durch Liebe
thätige Glaube (Gal. 5, 6; vgl. Röm. 13, 10), den Christus zuerst
geübt hat, und den nun die Seinen bethätigen, ist ja Erfüllung
des Gesetzes im höchsten Sinne, aber eine Erfüllung, die nicht das

Gesetz durch seine Forderung erzwungen hat, sondern die der
Glaube in kindlichem Gehorsam erreicht. Jesu ganzes Leben war
Glaube, sein Thun und sein Leiden. Gerade im Leiden „glaubte
er (noch ganz anders als Abraham) Gotte, der da lebendig machet
die Toten und rufet dem, das nicht ist, daß es sei. Er hat ge=
glaubt auf Hoffnung, da nichts zu hoffen war, und zweifelte
nicht an der Verheißung Gottes, sondern ward stark im Glauben
und gab Gott die Ehre und wußte auf's allergewisseste, daß, was
Gott verheißet, das kann er auch thun" (4, 17—21). Jesus
überwand selbst im Glauben das Skandalon seines Kreuzes, das,
mit dem Maßstab des Gesetzes gemessen, ein Ärgernis ist und
bleibt (vgl. Matth. 16, 21 ff.). Die gesetzliche Frömmigkeit er=
kannte im irdischen Wohlergehen des Gerechten das Siegel des
göttlichen Wohlgefallens; selbst Hiob, der so viel und schwer ge=
prüfte, erhielt nach der Leidenszeit den Vollbesitz seiner irdischen
Habe wieder. Umgekehrt war nach gesetzlicher Bestimmung „ver=
flucht jedermann, der am Holze hänget" (Gal. 3, 13). Und so
hielten Jesu gesetzesstolze Feinde (auch der Pharisäer Saulus,
bevor sich ihm der Lebendige offenbarte) den Gekreuzigten für
verflucht und offenkundig für immer von Gott verlassen (Matth.
27, 41 ff.), und Jesu gesetzesbefangene Freunde gaben sein Er=
lösungswerk, auf das sie gehofft hatten, verloren. Aber am Kreuze
siegte das Testament des Glaubens über das Testament des Ge=
setzes. Nach dem Gesetz war Jesus verflucht; aber glaubend rief
er: Es ist vollbracht! Durch Glauben erlangte er als der rechte
Same Abrahams (Gal. 3, 19) die Verheißung, das ihm ver=
sprochene Erbe der Welt. Es war ein Glaube, wie ihn niemand
je auf Erden weder vorher noch nachher bewiesen hat oder be=
weisen konnte. Es war der Glaube des Gerechten. Dieser Glaube
ist des Gesetzes Ende. [50])

[50]) Man lese einmal die Stelle Gal. 3, 22 ff. unter dem Gesichtspunkte
des Glaubens Jesu, und man wird finden, daß Paulus hier Christus geradezu
„den Glauben" genannt hat. Glaube und Gesetz stehen einander V. 23 gegen=
über, wie V. 24 Gesetz und Christus. — Das johanneische Wort: ὁ νόμος διὰ
Μωϋσέως ἐδόθη, ἡ χάρις καὶ ἡ ἀλήθεια (= אמת‎ חסד‎) διὰ Ἰησοῦ Χριστοῦ
ἐγένετο (Joh. 1, 17) würde in paulinischer Redeweise nach seinem zweiten Teil
lauten: ἡ πίστις διὰ Ἰησοῦ Χριστοῦ ἐγένετο. Vgl. die Übersetzung: τὸ ἔλεος
καὶ τὴν πίστιν Matth. 23, 23; ferner Acta 3, 16. (Im Johannes=Evangelium

Wir haben versucht, Jesu Glauben im Anschluß an den Glauben Abrahams zu beschreiben, wie Paulus den Glauben sich auf die Verheißung stützen läßt und von der Verheißung die Vermittelung durch Gesetz ausschließt. Ich gebe zu, daß diese Vergleichung nur der ziehen wird, der schon vorher überzeugt ist, daß Paulus vom Glauben Jesu redet. Aber inhaltlich wird die Parallele vollauf bestätigt durch den erhabenen Abschnitt, in welchem Paulus Jesum, den zweiten Adam, dem ersten Menschen gegenüberstellt (5, 12—21). [51]) Durch einen Menschen ist Sünde und Tod in die Welt gekommen, durch einen Gerechtigkeit und Leben. Wie sind die Vielen Sünder geworden? Durch eines Menschen Ungehorsam. Wie werden die Vielen gerecht? Durch des einen Gehorsam. Ungehorsam und Gehorsam stehen gegen einander; man kann nach paulinischem Sprachgebrauch dafür die weiteren Begriffe setzen: Unglaube und Glaube. Glaube ist umfassender als Gehorsam; er schließt, wie wir eben gesehen haben, das Trauen auf die Verheißung ein. Gehorsam hebt ein Merkmal des Glaubens scharf hervor: die kindliche Unterwerfung unter den Willen dessen, auf den man hört, an den man glaubt. Ich sage, die kindliche Unterwerfung. Denn wieder ist das Gesetz als heilsvermittelnd ausgeschlossen. Nicht einen Gesetzesgehorsam hat Christus geleistet: die Bedeutung des zwischen eingekommenen Gesetzes wird darauf beschränkt, daß die Übertretung voll werde; sondern die Gerechtigkeit, durch welche die Gnade herrscht zu ewigem Leben, besteht in Christi Glaubensgehorsam, der das Gegenbild ist zu Adams Unglaube und Ungehorsam. „Es gibt keinen Ausdruck, welcher geeigneter wäre, alles von Christo dem Heilsmittler Geleistete einheitlich zusammen zu schließen, als den Namen des Gehorsams. Da er sich als der Menschgewordene erniedrigte, war alles, was er that und sich widerfahren ließ, eine Beweisung von Gehorsam, solchem, den er auch leidend lernte und bethätigte (Hebr. 5, 8)". [52]) Christi Thun und Leiden war Gehorsam, war Glaube.

---

ist das Substantivum πίστις vermieden, so oft auch das Verbum πιστεύειν vorkommt.)

[51]) Vgl. über diesen Abschnitt Luthardts treffende Ausführungen in StrackZöcklers kurzgefaßtem Kommentar, dritte Abteilung (1888), S. 356 ff.

[52]) Fr. H. R. Frank, System der christlichen Wahrheit II (1880) S. 156.

„Der Gerechte entgeht mitten im Gerichte dem Tode und bleibt erhalten vermöge der ihm als Gerechten eigenen אֱמוּנָה d. h. des an Gott und seinem Wort festhaltenden Vertrauens, der trotz der widerspruchsvollen Gegenwart fest auf Gottes Ver= heißung bauenden Zuversicht, der fest ihm anhangenden Treue, mit e i n e m Worte: des Glaubens.“ [53]) Adams Ungehorsam hatte seinen Tod und den Tod der von ihm stammenden sündigen Menschheit zur Folge; im Gegensatz dazu (und dies ist der dritte große Gegensatz, den wir jetzt ins Auge fassen) erscheint als Frucht [54]) des Glaubensgehorsams Jesu seine Auferweckung zu einem Leben, in welchem er allen denen ewiges Leben mitteilt, die ihm als ihrem Herrn anhangen. Christi Leben ist die Quelle unsres Lebens. Man merkt es der reichen Ausführung des Satzes im weiteren Verlaufe des Briefes an, daß diese Erfahrung im Mittelpunkt des eigenen Lebens des Apostels stand. Da= durch, daß Jesus sich ihm als der Lebendige offenbarte, war Paulus zum Glauben gekommen. In dem Lebendigen, der ihm erschien und mit ihm redete, sah er nun nicht mehr den vom Gesetzesfluch getroffenen, mit dem Kreuzestod bestraften Unge= rechten (Jes. 53, 3. 4), sondern den Gerechten, „welcher ist um unsrer Sünden willen dahingegeben und um unsrer Rechtfertigung willen auferweckt“ (4, 25). War er vorher in dem Wahne ge= standen, als thue er Gott einen Dienst durch Verfolgung der Christengemeinde, so wußte er nun, daß nur der Gotte lebt, der in Christo Jesu ist, unserem Herrn (6, 11). Daß wir lebend und sterbend des Herrn sind, daß alle die, welche in Christo sind, nichts und niemand scheiden kann von der Liebe Gottes und von dem ewigen Leben, das bildete nun den Ruhm und Preis seines Lebens; eine Reihe von Stellen des Römerbriefes gibt davon Zeugnis (vgl. 14, 8; 8, 38; 6, 23; 5, 10. 11 u. s. w.).

Doch bevor wir uns zum subjektiven Gebiet des christlichen

---

[53]) Franz Delitzsch, messianische Weissagungen (1890) S. 121 (zu Habakuk 2, 4).

[54]) Das Wort „Frucht“ entspricht besser als der Ausdruck „Lohn“. Letzterer würde an Gesetz und Werk erinnern (vgl. 4, 4); „Frucht“ aber läßt die Auferweckung als notwendiges Ergebnis des Glaubensgehorsams des Ge= rechten erscheinen.

Glaubens wenden, ist noch die Frage zu beantworten, ob die Be=
schreibung des Lebens, in welches Christus mit seiner Auferstehung
eingetreten ist, dem Zusammenhange entspricht, den 1, 17 (und
Phil. 2, 8. 9) zwischen Jesu Glaubensgehorsam und seiner Erhöhung
festsetzt, so daß ersterer als Ursache, letztere als Wirkung erscheint.
Die Beantwortung der Frage hat an folgendem Punkte ein=
zusetzen.

Der Übergang Jesu aus dem Todeszustande in das Leben
wird in der Schrift auf zweifache Weise bezeichnet: als Aufer=
weckung und als Auferstehung. Petrus spricht in seiner Predigt
im Hause des Cornelius beide Thatsachen aus: „Gott hat ihn
(den gekreuzigten Jesus) auferwecket am dritten Tage" — und:
„Wir haben mit ihm gegessen und getrunken, nachdem er aufer=
standen ist von den Toten" (Acta 10, 40. 41). Der letztere Aus=
druck entspricht dem Worte des Herrn (Joh. 10, 18): „Ich habe
Macht, mein Leben zu lassen, und habe Macht, es wieder zu
nehmen". Welchen Ausdruck werden wir nun erwarten, wenn
Jesu Lebenszustand als Frucht seines Glaubensgehorsams dargestellt
werden soll? Offenbar den, daß Gott ihn auferweckt hat von
den Toten. Finden wir diesen Ausdruck im Römerbrief?

Röm. 8, 11 lesen wir: „So der Geist des, der Jesum von
den Toten auferwecket hat, in euch wohnet, so wird auch derselbige,
der Christum Jesum von den Toten auferwecket hat, eure sterblichen
Leiber lebendig machen" und 4, 24 werden die Christen Glaubende
genannt „an den, der unsern Herrn Jesus auferwecket hat von
den Toten". Ganz entsprechend wird 10, 9 das Heil von dem
Glauben des Herzens abhängig · gemacht, „daß Gott Jesum von
den Toten auferwecket hat." Noch öfter begegnet die entsprechende
passive Wendung, bei der offenkundig die Auferweckung Jesu als
ein Widerfahrnis erscheint, das sich mit ihm zugetragen hat. „Wie
Christus ist auferwecket von den Toten durch die Herrlichkeit des
Vaters, also sollen auch wir in einem neuen Leben wandeln" lesen
wir 6, 4 und sofort noch einmal 6, 9: „Wir wissen, daß Christus,
von den Toten erwecket, hinfort nicht stirbt". „Er wurde auf=
erwecket um unserer Rechtfertigung willen" 4, 25. „Ihr seid
getötet dem Gesetz durch den Leib Christi, daß ihr eines andern
seid, nämlich des, der von den Toten auferwecket ist" 7, 4. „Wer

will verdammen? Chriſtus Jeſus iſt hic, der geſtorben, vielmehr
der auferwecket iſt" 8, 34.

Mit dem neunmal wiederkehrenden Ausdruck, daß Gott Jeſum
von den Toten auferweckt hat, oder daß er von den Toten
erweckt worden iſt[55]), ſtimmen auch ſonſtige paſſive Wendungen
überein, welche die Verklärung des zuvor Gekreuzigten als ein
Werk Gottes erſcheinen laſſen. „Wir ſollen mit Chriſto leiden,
auf daß wir auch mit zur Herrlichkeit erhoben werden" leſen wir
8, 17 — zur Herrlichkeit des „Erſtgeborenen unter vielen Brüdern"
8, 29. Daß mit dem Ausdruck $\pi\varrho\omega\tau\acute{o}\tau o\varkappa o\varsigma$ die Auferweckung bezeichnet wird, zeigt uns die Parallelſtelle Kol. 1, 18 ($\pi\varrho\omega\tau\acute{o}\tau o\varkappa o\varsigma$
$\grave{\epsilon}\varkappa\ \tau\tilde{\omega}\nu\ \nu\epsilon\varkappa\varrho\tilde{\omega}\nu$). Ich ſchließe mit dem Hinweis auf Röm. 1, 4.
Wir haben ſchon früher (S. 15) geſehen, daß mit den Worten
$\tau o\tilde{\upsilon}\ \acute{o}\varrho\iota\sigma\vartheta\acute{\epsilon}\nu\tau o\varsigma\ \upsilon\acute{\iota}o\tilde{\upsilon}\ \vartheta\epsilon o\tilde{\upsilon}\ \grave{\epsilon}\nu\ \delta\upsilon\nu\acute{a}\mu\epsilon\iota$ die Erhöhung des als Davids-
ſohn geborenen Meſſias zu der Machtſtellung eines $\varkappa\acute{\upsilon}\varrho\iota o\varsigma$ aus-
gedrückt iſt. Die Stelle wird aber für uns beſonders wertvoll
durch den Zuſatz $\varkappa a\tau\grave{a}\ \pi\nu\epsilon\tilde{\upsilon}\mu a\ \acute{a}\gamma\iota\omega\sigma\acute{\upsilon}\nu\eta\varsigma$. Wenn Chriſtus „nach
dem Geiſte der Heiligkeit zum Sohne Gottes in Machtſtellung
geſetzt iſt", ſo ſind wir veranlaßt, $\pi\nu\epsilon\tilde{\upsilon}\mu a\ \acute{a}\gamma\iota\omega\sigma\acute{\upsilon}\nu\eta\varsigma$ in Beziehung
zu ſetzen zu dem Glauben, infolge deſſen der Gerechte Leben
gewinnt 1, 17. Iſt Glaube Bethätigung des Geiſtes der Heiligkeit?
Wie verhält ſich Glaube und Geiſt? Ich komme in dem ab-
ſchließenden Paragraphen auf dieſe Frage zurück.

§ 10. Der Glaube Jeſu Chriſti und der chriſtliche
Glaube.

Die vorausgehende Unterſuchung ſetzt uns in den Stand, zu
der im Thema der Abhandlung liegenden Frage überzugehen und
damit die gegenwärtige Arbeit zu ſchließen. Ich hoffe mich auch
fernerhin an den weiteren exegetiſchen Unterſuchungen beteiligen
zu können, zu welchen die vorliegende Arbeit auffordert; für jetzt

---

[55]) Ein einziges Mal, an einer Stelle, wo ausgeſagt wird, daß Chriſtus
über Tote und Lebendige Herr ſein ſollte (14, 9), tritt um dieſes Gegenſatzes
willen das Verbum $\acute{\epsilon}\zeta\eta\sigma\epsilon\nu$ zu $\acute{a}\pi\acute{\epsilon}\vartheta a\nu\epsilon\nu$. Weiß hat recht, wenn er (a. a. O.
S. 619) ſchreibt: „Der Satz $\acute{\iota}\nu a\ \varkappa a\grave{\iota}\ \nu\epsilon\varkappa\varrho\tilde{\omega}\nu\ \varkappa a\grave{\iota}\ \zeta\acute{\omega}\nu\tau\omega\nu\ \varkappa\upsilon\varrho\iota\epsilon\acute{\upsilon}\sigma\eta$ drückt die

bleibt der Blick auf dem Römerbriefe haften, und ich beantworte die Frage, welches Verhältnis zwischen dem Glauben Jesu und unserm Glauben besteht, so weit, als der Römerbrief Stoff zur Beantwortung liefert. Hierbei kommt es für jetzt nur auf die Zeichnung der Grundlinien an; die nähere Ausführung und in= sonderheit die Anwendung auf dogmatische Probleme liegt nicht im Rahmen dieser exegetischen Untersuchung. Ich knüpfe an die bisher gewonnenen Ergebnisse an, um Ähnlichkeit und Verschieden= heit zwischen dem Glauben Jesu und dem christlichen Glauben zu bestimmen.

Jesu Glaube ist uns als Vertrauen und Gehorsam des Ge= rechten entgegengetreten. Nachdem Christus „ein Diener geworden der Beschneidung um der Wahrhaftigkeit Gottes willen, zu be= stätigen die Verheißungen, den Vätern geschehen" 15, 8, vertraute er auf Erfüllung der ihm, dem Messias, geltenden Verheißung, auch als er am Kreuze hing;[55]) und im Gegensatz zu dem Un= gehorsam des ersten Menschen war er als der zweite Adam dem Willen des Vaters gehorsam, auch als dieser Gehorsam um der Sünden der Menschen willen ihm den Tod des Ungerechten ein= trug. War sein Glaube heilsvermittelnd, so ist unser Glaube heils= aneignend. Wir glauben, daß der Gekreuzigte und Auferstandene unser Herr ist; oder um Luthers Worte in der Auslegung des zweiten Glaubensartikels zu gebrauchen, deren Anschluß an das

Bestimmung im göttlichen Ratschluß, nicht Christi Absicht (so v. Hofmann) aus, da Paulus überall in der Auferweckung Christi, durch die es zum ἔζησεν kam, ein Werk Gottes sieht." — Mit richtigem Ausdruck hat F. L. Steinmeyer zwischen der „Auferweckung Jesu" und der „Auferstehung Christi" unterschieden (Apologetische Beiträge III 1871 S. 30 ff. und 73 ff.). Daß übrigens der Unterschied, der sich in den Verben ἐγήγερται und ἀνέστη ausprägt, in der Substantivform ἀνάστασις verwischt ist (S. 30 Anm. 18), erklärt sich aus der Seltenheit von ἔγερσις (nur einmal im ganzen N. T. Matth. 27, 53). Weil ἔγερσις ungebräuchlich war, wird ἀνάστασις auch von der Auferweckung der Toten gebraucht (vgl. den Gegensatz in 1. Kor. 15, 13: εἰ δὲ ἀνάστασις νεκρῶν οὐκ ἔστιν, οὐδὲ Χριστὸς ἐγήγερται).

[55]) Es gehörte mit zum Seelenleiden Jesu, und es war nicht das geringste Stück seiner Glaubensprobe, als er erlebte, daß das wahre, an ihm sich er= füllende Psalmwort: πέποιθεν ἐπὶ τὸν θεόν, ῥυσάσθω νῦν εἰ θέλει αὐτόν (Psalm 22, 9; Matth. 27, 43) nicht von betenden Jüngern, sondern von spottenden Feinden unter dem Kreuze laut wurde.

paulinische Evangelium sehr bezeichnend ist: „Ich glaube, daß Christus Jesus mein Herr sei.“ Ich habe nur Luthers (und der mittelalterlichen Kirche) Stellung der Namen „Jesus Christus“ in die paulinische „Christus Jesus“ verwandelt. Dieser Stellung, die auch im ältesten abendländischen Symbol stattgefunden hat,[57]) entspricht dann die Reihenfolge der Appositionen in Luthers Auslegung: Christus Jesus — wahrhaftiger Gott, vom Vater in Ewigkeit geboren, und auch wahrhaftiger Mensch, von der Jungfrau Maria geboren — ist mein Herr.

Um unsrer Aufgabe näher zu treten, werfen wir zuerst einen Blick auf den Gebrauch von πίστις und πιστεύειν im Römerbrief. Wir finden, daß das Wort πίστις uns über die Beziehung des Glaubens, über das Objekt, auf welches er gerichtet ist, keine Auskunft gibt. Das Substantivum, das nicht weniger als vierzigmal vorkommt, steht in den meisten Fällen (32 mal) als abgeschlossener Begriff für sich allein. Nur achtmal hängt ein Genetiv von ihm ab; es ist immer der Gen. subjectivus, der die Person bezeichnet, welche πίστις hat; ἡ πίστις σου ist so viel wie πίστις ἣν ἔχεις 14, 22. So ist die Rede vom Glauben Abrahams 4, 5. 12. 16, vom Glauben der römischen Christen und des Apostels 1, 8. 12, bei denen allen Glaube als Quelle der Rechtfertigung im Gegensatz steht zu den Gesetzeswerken; von der Pistis Jesu Christi 3, 22. 26, der abgesehen von Gesetz durch Glauben Gottes Gerechtigkeit offenbart hat; endlich von der Pistis Gottes 3, 3, der, unbeirrt durch die ἀπιστία einiger, seine Verheißungen erfüllt. Der Glaube, von dem Paulus redet, kommt von Gott; er findet sich nur auf dem Gebiete der Offenbarung. Er ist so wenig des Sünders, den er rechtfertigt, eigenes Werk, daß er vielmehr ἐξ ἀκοῆς 10, 17, aus dem Hören der Heilsbotschaft stammt. Das ἀκούειν muß zu einem ὑπακούειν werden, damit Glauben entstehe. Paulus will „ὑπακοὴ πίστεως“ aufrichten unter allen Völkern (1, 5 und 16, 26); der Ausdruck besagt, daß Gehorsam ein wesentliches Merkmal des Begriffes Glaube ist.

---

[57]) Die Form des altrömischen Bekenntnisses war: πιστεύω ~ εἰς Χριστὸν Ἰησοῦν; vgl. Hahn, Bibliothek der Symbole und Glaubensregeln der alten Kirche, 2. Ausg. (1877), S. 14 ff.

Wem man zu gehorchen, an wen man zu glauben hat, das wird, wie gesagt, an das Substantivum πίστις niemals angeschlossen, sondern stets vorausgesetzt. Dagegen ist das Verbum πιστεύειν nicht auf den absoluten Gebrauch beschränkt. [58] Die hinzutreten= den Objekte zeigen aber, daß das Glauben und Vertrauen in erster Linie auf Gott gerichtet ist. Nicht nur von Abraham lesen wir: Er hat Gotte geglaubt 4, 3; an (ἐπί) den, welcher den Gottlosen rechtfertigt 4, 5; Gotte, der lebendig macht die Toten und rufet dem, das nicht ist, daß es sei 4, 17 — sondern auch von den Christen heißt es, daß sie glauben an den, der Jesum, unsern Herrn, von den Toten auferwecket hat (ἐπὶ τὸν ἐγείραντα κτλ. 4, 24), oder: wenn du glaubst in deinem Herzen, daß Gott Jesum auferweckt hat von den Toten, so wirst du gerettet werden 10, 9. Die beiden letzten Stellen heben als das kennzeichnende Merkmal des christlichen Glaubens hervor, daß das Vertrauen des Christen auf Gott als den Erwecker Jesu von den Toten ge= richtet ist. Das ist eine bemerkenswerte Thatsache. Sie zeigt, daß in den Gottesglauben des Christen der Glaube an den Herrn Jesum Christum unzertrennlich eingeschlossen ist. In der eben an= geführten Stelle 10, 9 tritt dem Glauben des Herzens das Be= kenntnis des Mundes zur Seite, daß Jesus der Herr sei. Ein Gottesglaube, der von der Auferweckung Jesu absieht, hat keine rechtfertigende Kraft. Das ist das eine. Aber andererseits darf nicht vergessen werden, daß auch der auf Christum sich stützende Glaube in erster Linie auf Gott gerichtet bleibt. Der Glaube, daß Christus Jesus unser Herr ist, setzt voraus, daß Gott seinen Sohn in die Welt gesandt, den Gekreuzigten auferweckt und zum Herrn erhöht hat.

Die Beziehung des Glaubens auf Christum kommt im Römer= brief noch in anderen Wendungen zum Ausdruck. „Ὁ πιστεύων ἐπ' αὐτῷ οὐ καταισχυνθήσεται" lesen wir in einer zweimal (9, 33 und 10, 11) angeführten Jesaja=Stelle. Hier ist Christus als der von Gott in Zion gelegte Stein bezeichnet, an dem viele anstoßen

---

[58] Von den zwanzig Fällen seines Gebrauchs zeigen neun die absolute Anwendung: 1, 16; 3, 22; 4, 11; 4, 18 (ἐπ' ἐλπίδι); 10, 4. 10. 14b; 13, 11; 15, 13.

und fallen; wer aber auf ihm gründet, wer mit seinem Glauben auf ihm beruht, wird nicht zu schanden werden. Es tritt hier im wesentlichen derselbe Gesichtspunkt hervor wie vorhin. Der Glaube ruht auf Gottes Heilswerk in Christo. Die Gewißheit der Rechtfertigung und die Hoffnung auf ewiges Leben hat ihre Grundlage an dem, was Gott in Christo gethan hat.[59] Der Aus= druck πιστεύειν ἐπὶ Χριστῷ hat Verwandtschaft mit der Bezeichnung πιστεύειν ἐπὶ θεόν; aber verschieden davon ist die eigentümliche Wendung, die Paulus (im Unterschied von Petrus und Johannes)[60] nur vom Glauben an Christum anwendet: πιστεύειν εἰς Χριστὸν Ἰησοῦν (vgl. die Stellen S. 9 und 11). „Πῶς (τὸ ὄνομα κυρίου) ἐπικαλέσωνται εἰς ὃν οὐκ ἐπίστευσαν?" lesen wir 10, 14. In diesem Ausdruck wird die Verbindung zwischen dem Glauben Jesu Christi und unserem Glauben sichtbar.

Bei der strengen Regel des paulinischen Sprachgebrauchs ist man veranlaßt, die Präposition εἰς, die so bestimmt von ἐπί unter= schieden wird, prägnant zu nehmen. Was heißt dann „in Christum glauben"? Es heißt, in die innigste persönliche Verbindung mit ihm treten, eine tiefe, einzigartige Lebensverbindung mit ihm ein= gehen, ein Glied seines Leibes werden (12, 5), Christum anziehen (13, 14).[61] Der Ausdruck besagt, daß der Glaube sich nicht nur auf Christum als Gegenstand, Objekt des Glaubens richtet, sondern

---

[59] Vgl. 1. Tim. 1, 16 τῶν μελλόντων πιστεύειν ἐπ᾽ αὐτῷ εἰς ζωὴν αἰώνιον. Mit Beziehung auf Gott steht 2. Kor. 1, 9 der Ausdruck: πεποιθό- τες ᴄᴠ ἐπὶ τῷ θεῷ τῷ ἐγείροντι τοὺς νεκρούς.

[60] Petrus spricht außer von dem Glauben εἰς Χριστόν (z. B. 1. Petr. 1, 8) auch von solchen, die durch Christum „πιστοὶ εἰς θεόν" sind (1. Petr. 1, 21). Johannes fügt zu den beiden petrinischen Verbindungen noch πιστεύειν εἰς το ὄνομα αὐτοῦ (z. B. Joh. 2, 23), εἰς τὸ φῶς (Joh. 12, 36), εἰς τὴν μαρτυ- ρίαν κτλ. (1. Joh. 5, 10). Vgl. Korrespondenzblatt für die evang. luth. Geist- lichen in Bayern 1890 S. 203.

[61] „ἐνδύσασθε τὸν κύριον Ἰησοῦν Χριστόν" Röm. 13, 14. Weiß er= klärt (a. a. O. S. 606): „Vereinigt euch zur innigsten Lebensgemeinschaft mit Christo, so daß ihr ganz Christi Sinn und Leben in eurem Thun und Lassen darstellt." Der Aorist weist (im Unterschied von dem folgenden Präsens μὴ ποιεῖσθε) auf das erstmalige Anziehen Christi hin, das bei der Taufe statt- gefunden hat (Gal. 3, 27) und mit dem Gläubig=werden zusammenfällt. Die „in Christum Glaubenden" sind fortan „im Herrn"; auf die Bewegung mit εἰς folgt die Ruhe mit ἐν (vgl. S. 8). Der paulinischen Beschränkung des

daß er auch mit ihm als dem persönlichen Anfänger und Vollender
des Glaubens zusammenschließt. Christus steht in doppelter Be=
ziehung zum Glauben. Unser Glaube ruht auf ihm (ἐπ' αὐτῷ),
und wir glauben in ihn (εἰς αὐτόν). Der letztere Ausdruck führt
über den ersten hinaus. Wer Christum anzieht, zieht den Glauben
an. Wer in Christo ist, ist im Glauben.⁶²) Die ganze Bedeutung
der Mittlerstellung des Herrn tritt zu Tage. Christus steht auf
Seite Gottes als der Gerechte, den Gott gesandt hat, seine Ge=
rechtigkeit zu offenbaren; als der Glaubende und infolge Glaubens
Lebendige steht er zugleich an der Spitze der neuen Menschheit,
die in ihm ihr Haupt und ihren Herrn erkennt. Der Gottessohn
und sein Werk ist die Grundlage unseres Glaubens; der Glaube
des Menschensohnes ist die Kraft unseres Glaubens. Weil der
Gerechte für uns Ungerechte gestorben und auferstanden ist, dürfen
wir, mit Gott versöhnt, glauben; und weil er glaubend die Ge=
rechtigkeit Gottes offenbart hat, können wir, mit ihm in Ver=
bindung tretend, nicht anders als glauben. Die Offenbarung geht
von Glauben zu Glauben 1, 17.

Die eben ausgesprochenen Sätze, in denen das Ergebnis
unserer Untersuchung gipfelt, haben in allen Teilen des Römer=
briefes ihre Wurzeln. Wir stoßen auf neue Verflechtungen und
Verzweigungen dieser Gedanken, wenn wir den eingeschlagenen
Weg, auf dem wir einen Augenblick Halt gemacht haben, wieder
fortsetzen.

Es ist noch e i n e Stelle mit πιστεύειν und davon abhängigem
Objekt übrig, die noch nicht besprochen ist. „Wenn wir m i t Christo

---

Ausdrucks „πιστεύειν εἰς“ auf den Glauben in Christum entspricht die auch
nur dem Paulus eigentümliche Häufung des Ausdrucks „ἐν κυρίῳ oder ἐν
Χριστῷ εἶναι.“ — Man sieht, wie wenig die herkömmliche Fassung von πιστεύειν εἰς = „glauben in Bezug auf eine Person oder Sache“ die Fülle und
Tiefe des p a u l i n i s c h e n Ausdrucks wiedergibt.

⁶²) Wiederholt rückt in den Briefen des Apostels Paulus Christus und
der Glaube so in eins zusammen, daß man sich versucht fühlt, dem johanneischen
Bekenntnis: „Gott ist die Liebe, und wer in der Liebe bleibet, der bleibet in
Gott und Gott in ihm“ (1. Joh. 4, 16; vgl. damit Röm. 5, 8) das paulinische
nachzubilden: „Christus ist der Glaube, und wer in dem Glauben bleibet, der
bleibet in Christo und Christus in ihm.“ Man sieht leicht, wie die beiden
Sätze zusammen gehören.

gestorben sind, so glauben wir, daß wir auch mit ihm leben
werden" 6, 8. Die Schlußfolgerung bewegt sich, wie Schlatter
mit Recht hervorhebt,[63]) durchaus nicht nur auf logischem Gebiete,
sondern „die Stelle spricht von einem genetischen Zusammenhang,
der in der reellen Lebensbewegung der Gemeinde sich vollzieht."
Es besteht kraft der Taufe, welche mit Christo verbindet, eine
Gleichförmigkeit des Lebensganges zwischen ihm und denen, die in
seinen Tod getauft sind 6, 3. Wer glaubend Sünde und Welt,
Tod und Grab überwindet, wandelt in den Fußstapfen Jesu, der
den Glaubensweg vorangegangen ist. Alle die Zusammensetzungen
mit σύν, die der Apostel im sechsten Kapitel häuft,[64]) begründen
die Ähnlichkeit des Christenlebens mit dem Leidens= und Herr=
lichkeitswege des Stammvaters der neuen Menschheit, des zweiten
Adam. In diesem Zusammenhange steht Christus, dem Gott
das Erbe der Herrlichkeit verliehen hat, als unser Bruder uns zur
Seite. „Wir sind Gottes Erben und Miterben Christi, wenn wir
anders mitleiden, auf daß wir auch mit verherrlicht werden" 8, 17.
Es wiederholt sich die Beobachtung, daß der Glaube in erster
Linie auf Gott gerichtet ist. Gottes Heilsratschluß hat die Gleich=
förmigkeit zwischen Christo und den Christen geordnet. „Gott hat
die, welche er zuvor erkannt, auch bestimmt, gleichgestaltet (συμμόρ-
φους) zu sein dem Bilde seines Sohnes, auf daß er sei der Erst=
geborene unter vielen Brüdern" 8, 29 (vergl. S. 53).

Die thatsächliche Gemeinschaft, von der die eben be=
sprochenen Stellen reden, hat ihren inneren Grund in dem
heiligen Geiste, der Christi und der Seinigen Leben regiert.
„Welche vom Geiste Gottes getrieben werden, die sind Gottes
Söhne" 8, 14. Christus, der Sohn Gottes, ist der pneumatische
Mensch. Es entspricht der Mittlerstellung Christi, daß Gottes
Geist, der in den Christen wohnt 8, 9, sofort auch Christi Geist
genannt wird; wer Christi Geist nicht hat, der ist nicht sein 8, 9.
Christi Geist wird 1, 4 Geist der Heiligkeit, πνεῦμα ἁγιωσύνης
genannt; dieser Geist ist „für seine Einsetzung in die Macht=
vollkommenheit der Gottessohnschaft das Bestimmende ge=

---

[63]) Schlatter, der Glaube im neuen Testament (1885) S. 571.
[64]) συνετάφημεν 6, 4; σύμφυτοι γεγόναμεν τῷ ὁμοιώματι τοῦ θανάτου
αὐτοῦ 6, 5; ὁ παλαιὸς ἡμῶν ἄνθρωπος συνεσταυρώθη 6, 6; συνζήσομεν 6, 8.

wesen."[65]) So haben auch die Christen völlige Hoffnung in Kraft des heiligen Geistes 15, 13. An dieser Stelle können wir die feste Geschlossen=
heit der paulinischen Heilsverkündigung erproben. Wir müssen nach allem Vorhergehenden erwarten, daß die grundlegende Wir=
kung des heiligen Geistes Glaube genannt wird. Erfüllt sich diese Erwartung? Wir lesen 15, 13: Der Gott der Hoffnung erfülle euch mit aller Freude und Friede im Glauben (ἐν τῷ πιστεύειν), auf daß ihr reich seid in der Hoffnung in der Kraft des heiligen Geistes (ἐν δυνάμει πνεύματος ἁγίου). Die Christenhoffnung ist ebensowohl im heiligen Geist als in dem Friede und Freude mit sich bringenden Glauben begründet; der heilige Geist ist der Geist des Glaubens. So redet denn der Apostel 8, 2 von dem „Gesetze des Geistes des Lebens in Christo Jesu", das den Christen frei=
gemacht hat von dem „Gesetz der Sünde und des Todes". Das Gesetz des Geistes ist das Gesetz des Glaubens. Leben kommt vom Geiste, Leben kommt aus Glauben. So steht ὁ νόμος τοῦ πνεύματος 8, 2 in enger Beziehung zu νόμος πίστεως 3, 27; der Glaube ist die Wirkung des Geistes. Und da beim sündigen Menschen die durch die Rechtfertigung gewonnene Gerechtigkeit die erste Frucht des Glaubens ist, so kann dies Gesetz auch νόμος δικαιοσύνης genannt werden; der Ausdruck findet sich 9, 31.

Das Gesetz des Geistes, des Glaubens, der Gerechtigkeit ist das Ende des Buchstabengesetzes der Werke. Christus ist des Gesetzes Ende. Der Zusammenhang ist nun völlig durchsichtig. Das Gesetz ist an sich pneumatisch 7, 14; das Gesetz ist heilig, recht und gut, 7, 12; aber dem im Fleische lebenden, unter die Sünde verkauften Menschen konnte der fordernde Buchstabe des Ge=
setzes nicht helfen. Da das Gesetz keine Kraft zur Erfüllung verlieh, aber doch von der Erfüllung das Leben abhängig machte, so „befand es sich, daß das Gebot zum Tode gereichte, das doch zum Leben gegeben war" 7, 10. Die unter dem Gesetze lebende Menschheit verblieb im Fleische, in der Sünde, im Tod. Da sandte Gott aus Gnade Christum in die Welt, und in ihm erschien Geist der Heiligkeit, Gerechtigkeit und Leben. Das

---

[65]) Vgl. über die ganze Stelle Gloël, der heilige Geist in der Heilsver=
kündigung des Paulus (1888) S. 113 ff.

pneumatische Gesetz forderte, ohne die Erfüllung darzubieten;
Christus, der Sohn Gottes, der pneumatische Mensch, erfüllte, ohne
des fordernden Gesetzes zu bedürfen. Er setzte an Stelle des
Gesetzes der Werke die Ordnung des Glaubens. Denn fürs erste
offenbarte er ohne Gesetz kraft des in ihm waltenden Geistes durch
Glauben Gottes Gerechtigkeit; er wurde Sühner durch Glauben
in seinem Blute. Zum andern aber ist das von ihm beschaffte
Heil, das allen Menschen zu gute kommen soll, von der Art, daß
es nicht durch Werke des Gesetzes, sondern durch Glauben ange=
eignet wird. Wer die von Gott in Christo Jesu dargebotene
Sühnung im Glauben ergreift, der wird gerechtfertigt; der ist
nicht mehr unter dem Gesetz, sondern unter der Gnade 6, 14;
über den herrscht nicht mehr die Sünde zum Tode, sondern die
Gnade durch Gerechtigkeit zum ewigen Leben 5, 21. Aber der
Gerechtfertigte wandelt nun auch nicht mehr nach dem Fleische,
sondern nach dem Geiste 8, 4. Denn Christus ist zum dritten
nicht nur Gegenstand des Glaubens, sondern auch der Anfänger
und Vollender des Glaubens.[66]) Nachdem wir durch seinen Tod
versöhnt sind, werden wir um so gewisser gerettet werden durch
sein Leben 5, 10. Wer in Christum glaubt, zieht den an, der,
von den Toten erweckt, hinfort nicht stirbt 6, 9. Der Geist des
Lebendigen aber verleiht dem Gläubigen die Herrschaft über die
Sünde und die Anwartschaft auf die eigene Auferweckung 6,
10—23. Christus lebt in den Seinen, und damit lebt der Glaube
in ihnen, der durch die Liebe thätig ist (Gal. 5, 6; Röm. 13, 10).
    Es gibt keine Verurteilung für die, welche in Christo Jesu
sind 8, 1. Auch nicht, wenn die Glieder des Leibes, die zum
Dienste der Gerechtigkeit bestimmt sind 6, 13, sich noch „im Gesetze
der Sünde" befangen zeigen? 7, 23. Dann flüchtet Paulus (nicht
der vollendete, aber der gläubige, von Christo Jesu ergriffene
Phil. 3, 12) erst recht zu dem Mittler des Glaubens und beantwortet
die Frage: „Wer wird mich erlösen von diesem Leibe des Todes?"
im Geiste der Kindschaft (8, 15) mit dem Gebete: „Dank sei Gott
durch Christum Jesum, unsern Kyrios."

---

[66]) „Was ich gethan hab und gelehrt, Das sollst du thun und lehren, Da=
mit das Reich Gotts werd gemehrt Zu Lob und seinen Ehren" spricht Christus
in Luthers Lied zu dem Gläubigen.

Inhaltsverzeichnis.

Verlag der **A. Deichert'**schen Verlagsbuchh. Nachf. (**Georg Böhme**),
Erlangen und Leipzig.

Forschungen zur Geschichte des neutestamentl. Kanons und der altkirchl. Literatur. IV. Teil herausgeg. von **Johs. Hauß**leiter und **Th. Zahn.** 8 Mk.

Bachmann, Pf. Ph., Die wichtigsten Symbole der reformierten und katholischen Kirche deutsch herausgegeben. 3 Mk.

Bonwetsch, Prof. D. Nath., Die Geschichte des Montanismus. 4 Mk.

— —, **Methodius von Olympus.** I. Schriften. 1891. 13 Mk.

Bredenkamp, Prof. D. C. J., Der Prophet Jesaia erläutert. 7 Mk.

— —, **Der Prophet Sacharia** erklärt. 3 Mk.

— —, **Gesetz und Propheten.** Ein Beitrag zur alttestamentlichen Kritik. 3 Mk.

Caspari, Prof. D. W., Die epistolischen Perikopen nach der Auswahl von Prof. D. Thomasius exegetisch und homiletisch bearbeitet. 5 Mk. 50 Pf., geb. 6 Mk. 70 Pf.

— —, **Die evangelische Konfirmation,** vornämlich in der lutherischen Kirche. 3 Mk.

Dombart, B., Octavius. Ein Dialog des M. Minucius Felix. 2. Ausgabe. 2 Mk. 40 Pf.

Ebrard, Konf.-R., Der Brief Pauli an die Römer übersetzt und erklärt. Nach des Verf. Tod herausgeg. von Repetent Ph. Bachmann. 6 Mk.

Engelhardt, Prof. D. Mor. v., Das Christenthum Justins des Märtyrers. Eine Untersuchung über die Anfänge der katholischen Glaubenslehre. 9 Mk.

Frank, Geheimrath, Prof. D. Fr. H. R., Die Theologie der Concordienformel historisch-dogmatisch entwickelt und beleuchtet. 4 Teile. 12 Mk.

— —, **System der christlichen Gewißheit. 2.** Aufl. 2 Bde. 16 Mk., eleg. geb. 19 Mk.

— —, **System der christlichen Sittlichkeit.** 2 Bde. 15 Mk., eleg. geb. 18 Mk.

— —, **System der christlichen Wahrheit. 2.** Aufl. 2 Bde. 16 Mk., eleg. geb. 19 Mk.

— —, **Zur Theologie A. Ritschl's. 3.** wesentl. erw. Aufl. 2 Mk.

— —, **Über die Lebensmacht der Gnadenmittel im Sinne** luther. Lehre. Vortr. a. d. luth. Konf. in Hannover. 50 Pf.

Verlag der **A. Deichert'**schen Verlagsbuchh. Nachf. (**Georg Böhme**),
Erlangen und Leipzig.

Gloël, Prof. D. J., **Die jüngste Kritik des Galaterbriefes**
auf ihre Berechtigung geprüft. 1 Mk. 80 Pf.

Haffner, Pf. **E.**, **Das Gebet des Herrn** aus der Zeit und
für die Zeit ausgelegt. 60 Pf.

Harnack, Prof. D. **Th.**, **Katechetik und Erklärung des kleinen
Katechismus Dr. Martin Luthers.** 2 Bde. 8 Mk.

— —, **Luthers Theologie** mit besonderer Beziehung auf seine
Versöhnungs= und Erlösungslehre. 2 Bde. 12 Mk.

Hesedamm, **C.**, **Der Römerbrief beurtheilt und geviertheilt.**
Eine kritische Untersuchung. 1891. 1 Mk. 20 Pf.

Kähler, Professor D. **Martin**, **Die Versöhnung durch Christum**
in ihrer Bedeutung für das christliche Glauben und Leben. 50 Pf.

— —, **Die Wissenschaft der christlichen Lehre** von dem evan=
gelischen Grundartikel aus im Abrisse dargestellt. 9 Mk.

Köhler, Professor D. **A.**, **Lehrbuch der biblischen Geschichte**
alten Testamentes. I. II. 1. à 8 Mk. II. 2. 1. 3 Mk.
II. 2. 2. 2 Mk. 80 Pf.

Kolde, Professor D. **Th.**, **Der Methodismus** und seine Be=
kämpfung. 60 Pf.

— —, **Die Heilsarmee** („The Salvation Army") nach eigener
Anschauung und nach ihren Schriften. 1 Mk. 50 Pf.

— —, **Die Loci communes Philipp Melanchthons** in ihrer
Urgestalt nach G. L. Plitt. **2.** Aufl. 3 Mk. 50 Pf.

— —, **Friedrich der Weise und die Anfänge der Reformation.**
Eine kirchenhistorische Skizze mit archivalischen Beilagen. 1 Mk. 50 Pf.

— —, **Über Grenzen des historischen Erkennens** und der Ob=
jectivität des Geschichtsschreibers. **2.** Abdr. 60 Pf.

König, Prof. D. **E.**, **Der Glaubensakt des Christen** nach Be=
griff und Fundament von neuem untersucht. 1891. 3 Mk.

Märker, Pf. Dr. **O.**, **Der Zwischenzustand.** Eine Untersuchung
über das Reich der Toten. 4½ Bog. 1891. 1 Mk.

Medicus, Pfarrer **E. F. H.**, **Geschichte der evang. Kirche**
im Königreich Bayern b. b. Rh. nach gedruckten und theilweise
ungedruckten Quellen bearbeitet. 6 Mk.

— —, Supplementband, Die Geschichte der evang. Kirche der Rhein=
pfalz enthaltend. 2 Mk.